夏から夏へ

佐藤多佳子

集英社文庫

この本に登場する主な選手

Naoki Tsukahara
塚原直貴
（富士通）

Shingo Suetsugu
末續慎吾
（ミズノ）

Shinji Takahira
高平慎士
（富士通）

Nobuharu Asahara
朝原宣治
（大阪ガス）

Shigeyuki Kojima
小島茂之
（アシックス）

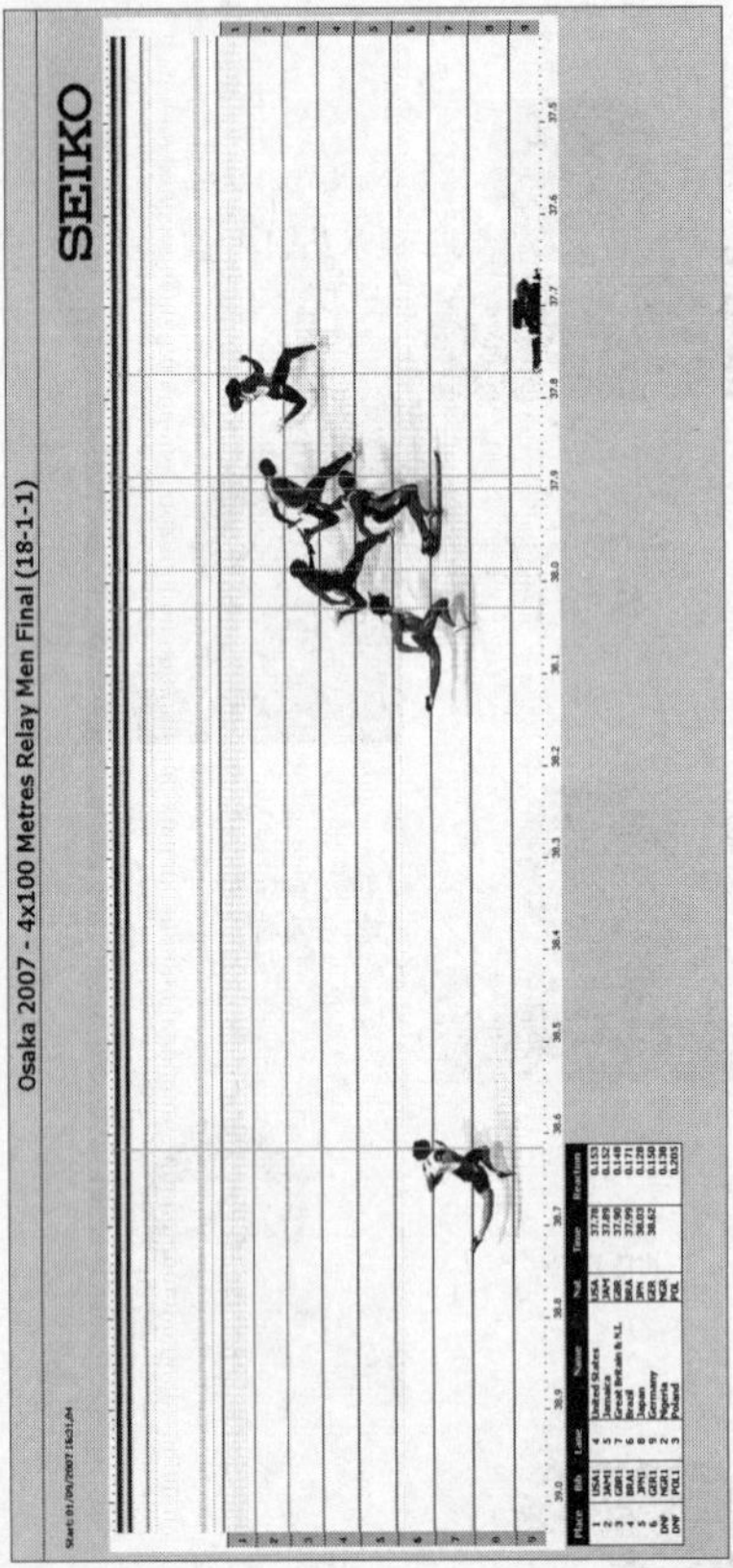

第 11 回 IAAF 世界陸上競技選手権大阪大会 2007　男子 4×100m リレー決勝

1 秒間に 2000 枚の連続写真を撮影し繋ぎ合わせたセイコースリットビデオカメラによるフォトフィニッシュ画像。100 分の 1 秒ごとに目盛りが刻まれている。

Osaka 2007 - 4×100 Metres Relay Men Final　提供：SEIKO

夏から夏へ　もくじ

夏から夏へ

第一部　世界陸上大阪大会

1　北サイド・スタンド

２００７年8月31日、北サイド・スタンドの席に着くまでに、スタジアムのまわりを半周以上は絶対歩いた。ゲートを間違えたというより、わざわざ無駄に逆方向に歩いたらしい。外側をまわると、スタジアムというものの巨大さがリアルに身にしみる。汗びっしょりで何とか席にたどりついて、ほっと一息つくと、まず思った。

今日は涼しい。

世界陸上大阪大会の７日目。観戦は二度目で、１００ｍ決勝の行われた26日にも来ているが、その夜はただ座っているだけでも気が遠くなりそうな酷暑だった。夜が更けてもまったく気温が下がらず、昔、大学の卒業旅行で行って熱中症で倒れた赤道直下のモルジブを思い出した。比喩《ひゆ》でなく、まさに熱帯の夜だ。31日は、皮膚に粘りつくような湿気は同じだが、気温が5度くらい低くて本当に楽だった。選手たちも楽だろう、ずっとこのくらいだったら良かったのに、競技結果も違っていたかな、とふと思い、それは無意味だと考え直した。一つの競技において条件は同じだ。どんなに暑くても力を出せる人は出せるし、１位の人は１位だ。

世界陸上——と呼ばれているが、要するに、陸上競技の世界選手権大会である。第１回が１９８３年のヘルシンキ大会で、以来4年に一度、１９９１年の東京大会からは２年に一度、開催されている。オリンピックの誘致みたいに騒がれることはないが、毎回、場所を替え、世界中で行われる。日本では、１９９１年の東京大会についで、16年ぶり、二度目の自国開催となる。

91年の東京大会は、30歳でピークが過ぎたかと言われていたカール・ルイスが１００ｍで世界新記録を出して優勝したり、高野進《たかのすすむ》が４００ｍで決勝に残ったり、日を追うごとに盛り上がって観客もどんどん詰めかけた。私もテレビにかじりついて毎日見ていた。すばらしいスポーツ・イベントだったが、まだ、日本人選手の多くは世界レベルに遠く、外国人のスター選手の活躍を楽しむ大会だった。

それから16年。日本の陸上は進化を続けている。マラソン勢以外にも、高野進、末續《すえつぐ》慎吾《しんご》、室伏広治《むろふしこうじ》、為末大《ためすえだい》らが、短距離、投擲《とうてき》、障害とそれぞれの種目で世界大会のメダリストやファイナリストになり、伊東浩司《いとうこうじ》や朝原宣治《あさはらのぶはる》がアジア記録を更新したりヨーロッパのグランプリをまわったりして、世界の一線で戦えるアスリートが増えていった。

今回の大阪大会でも、参加する、ベストを尽くすという以上に、大きな勝負をして大きな結果を期待された選手たちは多かった。

野球やサッカーに比べて、あるいは同じ陸上の中でもマラソンや駅伝と比べて、トラック&フィールドは決してメジャーなスポーツではない。試合のテレビ中継は少ないし、競技経験のない人が普通に趣味でスタジアムに観戦に行くこともそんなに多くはないだろう。

私は、高校陸上のスプリンター達をモチーフにした小説を書くために、陸上部の練習や試合を4年にわたって見るという経験をして、この世界の魅力に取りつかれた。スタジアムで見るナマの陸上競技は、半端でなく面白い。高校生からトップ・アスリートまで、それぞれのレベルで胸躍る戦いやチャレンジが繰り広げられる。知れば知るほど奥が深いのだが、なかなか入口が見つけづらいのが、もったいないことだと思う。

そのトラック&フィールドの魅力を世の中にもっともっとアピールし、浸透させるための絶好の機会として、この世界陸上大阪大会は、日本代表選手たちに意識されていた。すごいパフォーマンスを見せて、できればメダルを取って、華やかな活躍でスタジアムを盛り上げて、どんどん人を呼んで、様々な種目の魅力を選手の個性を忘れがたいものにしたい。活躍が期待される選手、陸上界を背負う立場の選手は、そのことを使命のように口にし、自らに戒めていた。モチベーションになるか、プレッシャーになるか、両刃の剣のようなもので、残念ながら、今回は、悪いほうにざっくりと切れてしまった。力のある選手たちの信じがたい惨敗、連鎖反応のような連日の脱落。戦って敗れたというより、まともに戦うことすらできなかったという印象を強く世間に与えた。もちろん、こんなふうにひとくくりにして書くのは正しくない。日本選手全員が力を出せなかったわけではない。すごいレースやパフォーマンスもあり、実力通りの確かなチャレンジもあった。また、敗戦にしても、一つひとつ、原因も経過も意味合いも違っている。

ただ、ムードが悪かったのは確かだ。スタジアムは空席が目立ち、メディアは酷評した。8月31日、大会7日目、閉幕まで後2日を残すその夜も、観客は多くなかった。日本人選手への期待が大きくふくらんでいたとも言い難い。ただ、その夜は、リレーがあった。男子4×100mリレーの予選。

陸上の日本代表チームにおいて、4×100mリレーは、常に期待される種目だ。2000年のシドニー・オリンピックから五つの世界大会（五輪、世界選手権）で連続して入賞している。入賞というのは、8位以内ということで、つまり、必ず予選は勝ち上がっている。これは、すごい結果だ。100m10秒前後のタイムを持つトップ・スプリンター達が超高速でバトンをつなぐ、このスピーディーなレースは、失敗と常に背中合わせで、走力では敵なしのアメリカが（ただし、そのために、ほとんどバトン練習をしない）時々ミスで自滅する（世界選手権だけで、95年からの10年間に3回予選落ちしている）。そんなにたやすく決勝を走れるわけではない。

ルール改正で、２００４年のアテネ五輪から出場国が16カ国に絞られ、準決勝がなくなったため、予選、決勝の2本のレースになった。選考基準は、大会前約1年間の資格大会でのベストとセカンド・ベスト（二番目にいい記録）の平均タイムによる。出場条件が厳しくなったので、バトン練習をあまりやらなかった国も熱心になったとか、選手権で四人のメンバーがちゃんと揃《そろ》わずにエントリーできないとか、４×１００ｍリレーをめぐる状況は変化してきている。出場するのはむずかしくなったが、決勝に進める確率は高くなったということだろう。

４×１００ｍリレーは、４００ｍトラックを四人の走者がバトンをつなぎながら１００ｍずつ走る（厳密には95ｍだったり、１２０ｍだったり、ポジションや走力や戦術によって少し変わる）。もう一つのリレー競技、４×４００ｍリレー（通称マイル）は、一人の走者がトラックを一周してつないでいく、１６００ｍリレーになる。４×１００ｍリレーのほうが、誰もが馴染《なじ》みのある運動会のリレーにイメージが近いだろう。クラスで最も速い四人が、思いきり全力で走ってバトンをつないで勝負する、いわゆる〝リレー〟だ。四人でバトンを中継するため、四と継をとって、四継、ヨンケイとも呼ばれている（以下、４継と表記）。

日本代表チームの4継は、メダルにはまだ届いていないが、アクシデントがなければ取っていたかもしれないと言われているレースが二つある。一つは、2000年のシドニー五輪で、3走の末續慎吾が肉離れを起こし、6位に終わったレース。もう一つは、2001年のエドモントン世界陸上でやはり3走の藤本俊之《ふじもととしゆき》が隣のレーンの選手に激しく接触されて5位になった。このシドニー、エドモントンの頃は、世界的に短距離のレベルが落ちていた時期でもあり、エドモントンは特に強豪国がバトンミスで予選敗退していたので、稀《まれ》に見るビッグ・チャンスだったという。

今年の大阪大会も、世界のレベルの中で、日本の実力は、かなり期待できるものだった。四人のスプリンターの走力は高い。そして、幾つもの世界大会での経験や、毎月行った代表合宿での練習により、メンバー同士の連係は確固たるものがあった。日本の4継は、強い、このメンバーは楽しみだ、メダルも夢物語ではない——。そういう認識と期待がある。日本の短距離界を引っ張るように強くなってきた伝統の4継ならやってくれるのではないか、この沈滞したムードを払拭《ふっしょく》できるのではないか。それとも、やはり、悪い流れの中に飲み込まれてしまうのだろうか……。

私の席は、北サイド・スタンドの第3コーナー出口あたりの最前列だった。目の前では十種競技の走高跳が行われていて、各国の監督かコーチが時々そばの通路に現れては、柵越《さくご》しに見下ろして選手に指示を与えている。大声のアドバイスだが、当然、外国語だから、一言もわからない。闘魂むき出し、知的で物静か、指導者のキャラもそれぞれだが、選手も近寄ってきて神妙にうなずいている人から、振り向きもしない強者まで色々いる。国際大会だなと肌で感じる。そんなやりとりを見ているだけで、すごく楽しい。

6月に世界陸上の選考会となる日本選手権が、この長居競技場で行われ、見に行ったのだが、その時とは、同じ場所とは思えないくらい、雰囲気が違っている。とにかくカラフルなのだ。各国選手のユニフォーム、スタンドの国旗、その色彩だけでわくわくするような、大きなスポーツ大会特有の華やかさがある。客席も、様々な国の関係者や応援の人があちこちに陣取っていて、外国語で盛大に声を張り上げている。にぎやかで陽気だ。日本の試合観戦はじっと座って比較するように見つめている感じがあるが、海外だと客席が率先してわいわい楽しんで見るお祭りの雰囲気だと日本選手が話していたことがあった。

大阪の天王寺《てんのうじ》に近い長居陸上競技場（愛称・長居スタジアム）は、サッカーJリーグ・チーム『セレッソ大阪』のホームであり、サッカー日本代表が日韓ワールドカップで、チュニジアを破り決勝トーナメント進出を決めた場所——とサッカー好きの私のイメージには刻まれている。陸上では、記録が出る場所として、選手たちの好む競技場だ。この長居と新横浜の日産スタジアムは、トラックを一周する〝伝説の風〟が吹くという噂《うわさ》がある。どこを走っても追い風になるという魔法のような風向きだ。種目によって、あるいは個々の選手によって、どんな風が一番ありがたいのか違ってくるだろうが、スプリントに関しては、当然、向かい風より追い風のほうが、いい記録になる。追い風も2mを超えると、追い風参考と但し書きがついて、公式に認められなくなるが、トラックを一周するリレーは関係ない。

長居競技場は、もともと硬く反発力のあるサーフェイスで有名だが、世界陸上のために改修工事を行い、さらにタイムの出そうな高速トラックになったと前評判が高かった（実際に走った選手では、400m金メダリストのジェレミー・ウォリナーが絶賛していた）。

大会も終わりに近い7日目で、夜の部は、たいてい決勝、準決勝のレースである。残念ながら、日本人選手が出場するのは、31日の夜の部で唯一の予選のリレーだけだ。競技やスタジアムの雰囲気を楽しみながら、のんびり見ていると、いきなり、視野に各国のリレーの選手たちがぽつぽつと現れた。え？　もう、やるの？　と思った。こんなに早く？　プログラムをしっかり認識していなくて恥ずかしい話だが、リレーという種目はプログラムの最後のほうにくる印象があった。もう、始まっちゃうの？　心の準備ができていない。胸がドキドキしてきた。ただ、見ているだけの私だが、胸苦しくなるほどの緊張に襲われる。頑張ってほしい。力を出してほしい。出しきってほしい。完全燃焼してほしい。

そして、改めて思った。もう始まって、すぐに終わってしまうのだ。すごくすごく大きなレースなのに、スタートしたら、40秒かからずに終わってしまう。もう、始まってしまうのだ。始まって、終わってしまうのだ。ああ、どうしよう――？

日本は、予選の2組目だ。前回の世界選手権の1、2位であるフランスとトリニダード・トバゴは欠場している。前述したように、選手が揃わないなどの事情があるのだろう。高水準のスプリンターを四人揃え、コンディションを整えてチームを組むのは、簡単なことではない。1組目が7チーム、2組目が6チーム、13の国によるレースとなった。各組3着までと、残りはタイム上位2チームの8チームが翌日の決勝に進める。

日本は、アメリカ、ジャマイカと同じ、厳しい組になった。この2国の走力が飛び抜けているので、バトンミスやアクシデントがない限り、着順での残る椅子《いす》は一つというハードな組だ。1組目がどのくらいのタイムを出してくるか、息をつめて見守るうちにスタートとなる。

予想通り、イギリスとブラジルが強く、ゴール前のアンカーの競り合いはすごかった。こんなに競ったらタイムが上がっちゃうじゃないかーっ、やめてくれーっと自国びいきの観戦マインドで見つめる。ブラジルが1着、アテネ五輪の4継の覇者イギリスは2着。

場内のモニターにタイムが表示されるまで緊張した。ブラジルが38秒27。イギリスが38秒33。速い……。日本記録が38秒31だ。いや、待て待て。3位までは、この際どうでもいい。問題は4位以下のタイムだ。次のレースで日本が3着に入れなかった時、1組目の4位、5位とのタイム争いになるかもしれない。4位はイタリアの38秒81。5位は南アフリカの39秒05。このへんには勝てそうな気がする。いや、しかし、あくまで、次のレースでの日本のパフォーマンスが重要なのであり……。

予選2組目の選手がトラックに登場する。

末續選手がいる！　2走のポジション、*バックストレートの直線。ああ、良かった。彼は走れるのだ。回復したのだ。そう安堵《あんど》し、しかし、かすかに不安になった。本当に大丈夫なのだろうか。末續は、個人種目の200m二次予選で敗退した時、激しい脱水症状を起こしていたと報道されている。その日から中2日。ここに出てくる以上は、走れるということなのだろうが……。

目の前には、3走の高平慎士《たかひらしんじ》選手がいる。呼べば聞こえそうな近くだ。緊張した表情だが、落ちついた物腰で、コースを歩測している。

日本チームは7レーンを走る。トラックは全部で九つのレーンがあり、カーブの傾斜のきつい一番内側の1レーンは使用されない。予選2組目のレースは、6チームで行われるので、2レーンから7レーンまでとなり、日本は一番外側、観客席の近くだ。

4継のバトンパスは、バトンゾーンと呼ばれる20m(トラック一周400mを四つに区切った100m、200m、300m地点のそれぞれ前後10mずつ、合わせて20m)の中で行われる。このゾーンの前で渡しても先で渡しても失格になる。厳密に言うと、ゾーンから身体《からだ》が出てもいいが、バトンが出た時点で失格となる。

バトンを受ける次走者は、前走者がある位置まで来たところで、加速のためのスタートを切る。どのタイミングでスタートするのか、早いのか遅いのか、バトンゾーンのどの位置で受け渡すのか、それは、二人の走者の間の取り決めだ。ランナーのタイプ(後半に伸びるとか、スタートからの加速力がすごいとか)にもよるし、持ちタイムの差も関係してくる。練習の中で、次走者がスタートするベストのタイミングをつかみ、二人の間で距離を決める。これをトラックで1足ずつ測って、チェックマークという白いテープを貼《は》る。この距離は足長《そくちょう》と呼ばれ、男子だと、だいたい24、25足から30足くらいだろうか。当日の体調、天候や、お互いの呼吸によって、半足から2足くらい変更することもある。前走者がチェックマークを越えると、次走者がスタートを切る。

2走末續、4走朝原もそれぞれ歩測している。4継を観戦する時、この歩測を見ていると、いよいよだなと自分の中で興奮のボルテージがぐんぐん上がっていく。

私の席からは1走の塚原直貴《つかはらなおき》が一番遠い。彼はバトンを渡すだけで受けないので、歩測の必要がない。

高平と朝原が、軽く腕を曲げてガッツポーズのようなスタイルを取り、互いにコンタクトする。軽く。ごく自然に。熱過ぎもせず、冷め過ぎてもいない。それは、本当に自然な合図に見えた。いつものように――そんな感じがした。3年前のアテネ五輪で、この二人は、この同じ3―4走でバトンをつないだ。かつての大試合、繰り返した練習、そんなふうに、いつものように。

各チームの紹介アナウンスが始まり、場内が騒然としてくる。JAPAN。ひときわ大きくなる歓声。モニターに映る1走の塚原選手はスタンドに向かって、両腕を高く挙げて、大きなファイティング・ポーズを取る。みなぎる力を感じた。前向きの明るい大きな力を。最年少、世界大会初出場の大学4年生。どんなに緊張してもおかしくないのに、余裕すら感じられる、そのパフォーマンスに、すごく心強いものを感じた。やってくれるのではないか？　彼らは大丈夫なのではないか？

選手たちは、皆、とても落ちついて見えた。これまでの日本チームに垂れ込めていた暗雲など、誰も何一つ関係ないように見えた。

「On your mark」

アナウンスが高らかに響く。

位置について――。

2 スタート前——1走

1走——塚原直貴。
1985年5月10日生まれ。22歳。
180cm、75kg。
A型、長野県岡谷市出身。

塚原直貴は、ノッていた。期待の日本人選手がバタバタと討ち死にしていく中で、いや、その前に、彼は結果を出した。

東海大学の4年生で、強豪陸上部のキャプテン。400mの伝説的ランナー高野進コーチの指導下にあり、OBで2003年パリ世界選手権200m銅メダリスト末續慎吾と共に練習している。間違いなく、日本最高の環境の一つである。

陸上のエリート街道ど真ん中を歩いてきた。小学校から陸上を始め、中学3年の全国大会で１００ｍ４位、２００ｍ３位、高校3年のインターハイ*では、１００ｍ、２００ｍの二冠を獲得。筋肉質のパワフルな身体の推進力は、後半に抜群に強く、高校スプリントでは際だった存在感だった。大学生活の前半は怪我《けが》などで低迷するものの、3年、4年はインカレ*で大活躍、日本選手権の１００ｍを連覇し、意気揚々と大阪に乗り込んできた。

ジュニア*では世界ジュニア選手権を経験しているが、シニア*ではオリンピック、世界選手権というトップレベルの世界大会は初出場になる。もっとも、06年の9月にアテネで開催された陸上のワールドカップ*大会に4継のメンバーとして出場して、そこで〝世界の空気〟にしっかりと触れた。アジア代表として臨んだチームのオーダーは、3走までが今回の大阪と同じで、塚原は初めて、代表4継チームの1走を走り、38秒51（日本歴代6番目のタイム）で3位を獲得した。12月のアジア大会*でも、タイと同タイムで優勝を逃したものの、塚原は1走を務めている。

代表の1走は俺《おれ》だ——という自負はある。このポジションを譲らないというレベルのものではなく、ここで自分が何を出来るか、何をしなければならないのか、チームの一員としてチーム全体を考えるという、肚《はら》の据わった前向きの冷静な自負である。06年、07年、練習と試合を通じて自分を磨きながら築いてきた力と精神。アジア大会の最中からスタートのフォームを変えるなどの試行錯誤を繰り返し、試合でのタイムを伸ばしていった。

世界陸上には、絶対に出場したかった。大学の高野コーチから、16年前に開催された東京大会の詳細や大変な盛り上がり方を聞かされていて、自国開催の世界陸上へのあこがれが大きくふくらんでいた。わくわくドキドキしながら、待ち受けたあこがれの大会は、意外にも、塚原にとって、身近なイメージを抱《いだ》かせるものだった。

多くの有力選手にとって、責任という大きな枷《かせ》になってしまった自国開催が、若きチャレンジャーである塚原にはリラックスの要因になった。100m予選の前夜、明日にはもう世界のスプリンターと肩を並べて走るという気がさっぱりしなくて、国内の大会のような気分だった。1カ月前に行われた代表選考レースと同じ長居競技場のせいもあり、明日も日本選手権かなというくらい、*コンディショニングも*メンタルも普段の試合と変わらなかった。

とはいうものの、いざ、大舞台に初めて立つと、観客の視線が鋭く刺さるように感じた。スタンドをぐるりと埋めた観客の目に360度見られている、360度から射抜かれるような感覚。右も左もわからないような未経験の精神状態、それでも悪い緊張という感じではない。

塚原は、とりあえず1本走ってみないとその日の調子は全然わからない。ウォーミングアップの段階で、ああ、いいなとか、感覚がいいなとか、ある程度予測するのだが、実際レースを走ってみないと本当にはわからない。予選1組目に走った大先輩の朝原宣治が、アメリカのタイソン・ゲイに先着して1位通過するという最高のパフォーマンスを見せてくれたのが、無意識のうちにも追い風になっていただろうか。

世界陸上大阪大会初日の午前の部。１００ｍ一次予選7組。無我夢中で走った。10秒20の自己ベスト更新で2着。夜の部の二次予選は5位で準決勝に届かなかったものの、タイム的にはあと１００分の1秒の僅差《きんさ》だった。この大阪大会で、個人で自己新を出した日本人選手は塚原と８００ｍの横田真人《よこたまさと》（共に大学生）の二人だけだ。しかも、その10秒20のタイムは、翌年の北京《ペキン》五輪*のA標準記録を突破している。大阪大会での塚原の目標は、最低限で北京のA標準10秒21の突破、真剣に狙《ねら》っていたのは準決勝進出だった。

行きたかった……準決勝。決して夢ではなかった。10秒2台のタイムを出せば届いたのだから、確実に力を発揮すれば、彼にとって十分可能な数字だった。

予選も一次、二次とラウンドが上がっていくと、まわりの雰囲気もスピードレンジも変わってくる。でも、雰囲気に飲まれて萎縮《いしゅく》したわけではない。むしろ、逆で、彼は冷静に予想、計算していた。二次予選の通過タイム、自分の調子。1本走った段階で、どこまで狙えるか見定めがついたので、まだ行ける、まだ行けるぞ、と、燃える気持ちが逆に気負いになった。

塚原は、１００ｍの自分の戦いを分析し、反省点、心に留めるところをきちんと整理して、リレーに向けて気持ちを切り替えた。自分の調子はいい。力は出せた。でも、もっと出せたはずだった。そのぶんは、リレーにぶつける。

大会初日から、４×１００ｍリレー予選の７日目まで、塚原にはずいぶん時間があった。１００ｍ予選の翌日は軽く練習し、その次の日はオフにして身体を休め、次の日はリレーのバトン練習に入る。長居競技場のサブトラック*で、実際のリレー競技が行われるのと同じ時刻に練習したりした。気持ちが緩むことも、体調が落ちることもない。試合も色々と観戦した。１００ｍの準決勝、決勝、２００ｍ予選、４００ｍハードル、４００ｍ……。

実力、実績のある先輩たちの予想外の不振、連鎖反応、立ち込める暗雲のような悪いムードの中、塚原は違和感を感じ続けていた。日の丸をつけ、日本を背負って走ったはずの自分は、果たしてどれだけのものを背負っていたのだろうか。先輩たちの肩には、どれだけの重さがかかっていたのか。それほどの重圧がかかるほどの責任感が自分にあったのか……。まるで、代表チームから浮いているような感覚にも陥ったが、そこで改めて自分の立ち位置を確認した。初出場で、ある意味、気楽な立場である自分。その自分にしかできないことがあるはずだ。この身体の軽さ、心の軽さ、自分の力を信じられること、ノッていけること、今の塚原直貴の最大の武器。

8月31日。大会7日目。20時40分。

4×100mリレー、1組目がスタートする。その1組目の結果も、自分たちが走る2組目の各国のデータも塚原には関係なかった。強豪国のアメリカ、ジャマイカと走ることはわかっている。ただ、当日、実際の現場でどの選手があぁだこうだというのは、まったく気にする必要のないことだった。同じ1走で走る他国の選手の名前すら彼は知らなかった。ただ、前年のワールドカップのリレーで同じ組み合わせだった国や選手がかなりあり、〝わかっている〟という感覚が持てたことは良かった。緊張はするが、しすぎることはない。

決勝進出――頭にあるのは、そのことだけだった。大きすぎることも小さすぎることもない目標。38秒の半ばを出せば決勝は確実に行ける、そんな見通しを4継のメンバーは持っていた。日頃の練習や各選手の力とその連係をもってすれば、決して高いハードルではない。38秒31――1997年のアテネ世界選手権の予選と2000年シドニー五輪の準決勝で二度出してから、長い間、破れそうで破れない日本新記録を更新することも、このメンバーなら十分に可能だと言われていた。ベテラン朝原もよく口にしていた。

「このメンバーなら出るやろう」と。

もちろん、その時は、日本記録のことは、リレー・メンバーは意識していない。ウォーミングアップの時も、しっかり決勝に行こうという意志確認だけをしている。メンバーに、そして、塚原に不安があるとすれば、2走を走るエースであり、大学の先輩でもある末續慎吾のことだけだった。

大学の現役時代が重なることはなかったが、社会人になってからもずっと東海大学で練習している末續は、いつも塚原の身近にいた。テレビで見て感動で泣いたほどのあこがれの人だ。その人と一緒に練習する、すぐ隣にいるという高揚感で、入学してからの1、2週間は、〃真っ白〃になって練習に手がつかないほどだった。毎回の練習で、末續のすごさを肌で感じた。一回一回、どの練習も同じではなく、一日一日成長していく。その中で、「こうじゃないですか」と持ちかけて同意を得たり、「違うんじゃないか」とアドバイスを受けたり、そんなディスカッションを踏まえながらの練習。塚原のタイムを伸ばす一因ともなったスタートのヒントも末續と高野コーチの会話からだった。陸上のセンスの塊《かたまり》。見習うべき、試合への取り組み方。偉大なスプリンターであると同時に、面倒見のいい末續は、塚原にとって、すごくいい先輩であり、兄貴分でもある。

その末續慎吾のアクシデント。

末續の体調が戻らず、リレーを走れなかった時のために、前日までは、1走小島茂之《こじましげゆき》、

2走塚原直貴という別のオーダーも用意されていた。

それでも、塚原は信じていた。末續は絶対戻ってくると。彼が走ってくれなければ困ると。

ウォーミングアップでの1―2走のバトンパスは詰*まっていた。かなり詰まっていた。それでも、塚原が末續に足長を「もっと延ばしましょう」とか、「速く出てください」とか注文することはなかった。本番の試合でも、確実に詰まる。でも、それでいいと塚原は思っていた。予選のバトンは詰まる、そのことが次の決勝へのステップになると感じていた。詰まることは当り前で、それがなければ決勝にはうまくつながらない。予選で詰まって決勝にはぴったりいく。だから、予選では、これでOKという捕らえ方をしていた。

スタジアムの1走のポジションで、塚原は落ちついていた。彼だけでなく、メンバーはみんな落ちついていた。むしろ、その日まで、ぎりぎりの状態だったのはスタッフのほうで、陸上史に輝く偉大なアスリートで、代表チーム兼短距離監督の高野進が、「おまえら、頼むよ」と〝最後の砦《とりで》〟を思わせるような言葉を発していた。大学の先生でもあり、いつも、堂々としていて、揺るがない巨大な山のような高野しか知らない塚原にとって、それは驚きだった。指導者、責任者として上に立つ者の荷の重さを考えさせられた。リレーのメンバーは、一言も話題にしたりはしなかったが、目顔で「先生がちょっとしんどいな」「俺たちが頑張らないとな」という意思疎通をしていた。スタッフのあせりを感じて、自分たちの落ちつきを逆に再確認して、モチベーションにするほどの余裕があった。

各チームの紹介のアナウンスが場内に響き、塚原はスタンドに向かって、大きなパフォーマンスをしてみせた。特に何かを考えたアクションではない。自然に出てきた。誰か気づいてくれないかな、カメラが見えたので、テレビに映っているんだと思い、手を振ってみせた。あまりじっとしていると、緊張しているのか、大丈夫なのかと観客に不安を抱かせるようでイヤだったこともあった。

3　スタート前——2走

2走——末續慎吾。

1980年6月2日生まれ。27歳。

178cm、68kg。O型、熊本県熊本市出身。

集中している。自分自身にぐっと入り込むように集中できている。その上でスタンドの応援も聞こえている。やらなきゃいけないこともわかっている。アスリートとしては一番いい状態だ。

ずっと、イメージし続けてきた。この時間に、この場所で自分が走るイメージだ。昨日から、時間を逆算しながら何度も何度もイメージを自分に刻みつけていた。確かに末續慎吾は走っていると。8月31日、20時47〜50分。塚原直貴からバトンを受けて、長居競技場のバックストレートを走っている……。

末續慎吾、27歳。名実共に、日本の短距離界を背負《しょ》って立つエースである。小学校から陸上を始め、中学、高校で実績を残しているが、彼が真の実力を発揮するのは、高野コーチ率いる東海大学に入学してからだ。2年の秋にシドニー五輪（2000年）に出場し、200mで準決勝進出、4×100mリレーの3走を務め、肉離れを起こしながらもバトンをつなぎ6位入賞を果たした。

そのシドニーの4継で末續がバトンを受けたのは、東海大学OBの伊東浩司だ。伊東は、100m10秒00の日本記録保持者で、高野進、伊東浩司、末續慎吾の三人の東海大学出身スプリンターは、日本の短距離の可能性を高め、世界との距離を縮めてきた。高野が初めて400mでオリンピックと世界選手権のファイナリストになり、伊東は100m、200mの日本記録を更新し、世界大会で四度の準決勝進出。

シドニーの200m準決勝では、同じ組を伊東と末續が走った。伊東が7位、末續が8位、勢いやコンディションは末續が上回っていたが、世界大会の戦い方をわかっていたという先輩の意地が勝った。スプリントは純粋に肉体的な勝負で、意地や根性と無縁のものだと思っていたと言う末續に、20歳《はたち》でやっとそれに気づくのか、遅いよと伊東は笑った。伊東はシドニーで引退する形になり、結局、末續は、先輩に一度も先着せずに〝勝ち逃げ〟されてしまった。

伊東の引退後、200mの日本記録は末續が破った。20秒03はアジア新記録。その記録を出した2003年は、末續にとってビッグ・イヤーだった。100mの10秒03は日本歴代3位。そして、世界選手権パリ大会、200m3位で銅メダルを獲得。この種目の世界大会でのメダルは、日本人初、とてつもない快挙である。

夢の、100m9秒台、200m19秒台、末續には、常にメディアと国民の期待がつきまとった。その過度の期待と注目の重み、わずらわしさは、〝前任者〟の伊東がよく口にしている。だが、末續は伊東ほど注目されることを苦にしないタイプで、メディアとの関係もなごやかにこなしていた。メダリストとなったパリ大会の当時は23歳。自らを〝暴れ馬〟と形容する元気あふれる若き天才スプリンターは、そのまま、止まることもつまずくこともなく、どこまでも軽やかに上昇していきそうに思えた。

パリ大会は勢いで行った――と末續や師の高野は表現することがある。もちろん、勢いだけのはずはないが、さらなる上を目指す道は、勢いだけでは進めない険しいものだという意味だろう。

数字としての結果は、2003年の上をまだ行くことはない。スプリンターの夢として臨んだアテネ五輪の100mは予選敗退、200mで仕切り直したヘルシンキ世界選手権は準決勝まで。だが、国内トップ・スプリンターの座は揺るがない。ランナーとして、パリから確実に成長している、と、伊東は後輩を評する。末續の試み、努力、その方向は間違っていないと。進化していると。

走ることに無限の可能性を感じて伸び伸びと飛躍していた20代前半から、日本の陸上界全体に責任のある言及をするようになった20代後半。末續は確かに変わった。〝やんちゃ〟と自他共に言うキャラクターに、深みのある落ちつきが加わった。トップを背負う者の風格がにじむようになった。だが、「末續さんはつらそうだ」と後輩の高平や塚原が言うことがある。「一番苦労している選手かなと思う」と伊東が気遣う。

前人未到の道なのだ。彼は常に先頭を行くのだ。未知の世界には、怪我があり、危険があり、身体一つで戦う彼は、傷ついても傷を癒《いや》しながら傷を隠しながら、ひたすらに走り続ける。

8月28日午前、200m一次予選を2着で通過した末續は、身体の異変に襲われた。ちょっと脱水症状気味、よくある酸欠みたいな感じ……と思ったのだが、ゴールしてから、サブトラックまで帰ることができない。いつもと違う。歩いて帰れそうもないので、競技場の医務室で、身体に水分を入れるために、強い点滴をした。しばらく寝て、立てるようになってから、一度ホテルに戻り、5時間後の夜の二次予選に備える。2時間ほど休憩してから競技場にまた行き、サブトラックでアップを始めるが、汗が出ない。体内の循環機能が正常に働いていない。地に足がつかない、体重を感じられない、ふらふらする、これはまずいと思った。それでも、アスリートの本能か性《さが》か、戦うためのアドレナリンは出てくる。気持ちはレースに向かう。走りたい。走れると思った。なんとかなるだろう、と。

200mの最初の100mは曲走路、カーブを走りきってコーナーを抜けたところで、手足が棒のようになった。視界がだんだん狭くなって真っ白になった。気づいたらゴールしていた。5着か6着か？　ダメなのはわかった。準決勝には進めないと。

頭がだんだん痛くなってきて、記憶がなくなる。競技場の通路で倒れたことは、後から聞いた。激しい症状だった。全身がつった。背中から、舌までつった。人生で初めて、車椅子に乗った。その一番激しい症状が少し治まった時点で、末續はリレーのことを考えていた。これは、リレーをどうしたらいいのだろう？

治療は、身体に水分をパンパンに入れて、喉《のど》が渇かないようにして、汗を出すという循環を一度作る。それを何回か繰り返した。少しずつ身体に力が入るようになり、歩けるようになった。だが、その日は、酸欠状態になっていたので、脳にあまり酸素がいかない。猛烈な頭痛がして、恐くて眠れなかった。午前4時頃、ようやく眠気がさしてきて、少し眠る。だが、頭痛と恐怖ですぐに目覚めてしまう。

循環機能は次第に回復したが、頭痛が治まらなかった。頭が心配だなと思いつつ、走るのをやめろと言われそうで病院にも行けない。１００ｍ走る10秒くらいなら大丈夫かもと考える。

気持ちは切れていなかった。自分の走る2走に替えはきかないとわかっていた。エース区間。大事なポジション。4走を走る朝原宣治との最後のリレーかもしれないとの強い思いがあった。

むずかしいシーズンになるよ――ということは、先輩たちの口から色々聞かされていた。大阪大会前年の2006年12月にドーハでアジア大会が開催されたが、同じような日程が過去にもあった。1998年12月バンコクでのアジア大会、その翌年にセビリアでの世界選手権が開催された時だ。

バンコクのアジア大会で伊東浩司は日本新記録の100m、10秒00を出すのだが、翌年のセビリアに向けての調整は苦労し、100m、200mとも準決勝進出はならなかった。伊東と同期で元400mハードラーで男子短距離コーチ（現在は男子短距離部長）の苅部俊二《かるべしゅんじ》も、これまで世界陸上はすべて準決勝に進んでいたのにこの時は予選敗退となった。この日程のコンディショニングの難しさを、コーチである苅部は末續をはじめとする選手たちに懸命に伝えてきた。そして、なぜ、自分たちのあの経験を生かしてくれなかったのだと伊東は残念がる。

試合と練習とコンディショニングの関係は、陸上競技にかなり詳しい人でないとわかりづらいところがある。まず、1年というスパンで考える時、一番目標とする試合に最高のコンディションで臨めるように、年間での身体作りをする。前年の秋から、シーズンインする当年春までを冬季練習と呼ぶのだが、この5カ月を超える長い厳しい練習期間に、翌シーズンの試合を戦い抜ける身体の基礎作りをすることになる。

練習方法やスケジュールは、選手個々で違ってくる。ただ、基本的には、高校生もトップ選手も、短距離選手は10月、11月前半は試合シーズンの疲労を抜くことを第一目的として（身体の分解、修理、定期点検的時期と末續は表現する）、11月半ば〜末くらいから、ぼちぼちトレーニングに入る。厳冬期の12月、1月は、スパイクを履かず、スピードを上げずに、質より量を追う練習をこなす。ここでの追い込んだ厳しい練習が、翌シーズンの試合のための体力的土台になり、また、この先のスピードを上げていく質の高い練習へのステップになる。高度な練習をするためには、それをこなせるタフな身体が必要なのだ。2月半ばから3月は、徐々に気温も上がっていくが、大学生以上のアスリートは暖かい地方での合宿を組むことが多い。スパイクを履き、走る速度も上げて、4月からの試合に向けて仕上げていく。

これは、もっとも基本的なパターンを記したもので、各選手、各所属団体によって、様々なやり方がある。また、トップレベルのスプリントは、選手一人ひとりの創意工夫が何より必要なので、常に新しい練習、技術へのアプローチが冬季練習の期間になされていく。

この1年の土台を作る、スプリンターにとって、翌シーズンの成績の全てがかかってくる冬季練習の真っ最中に、大きな試合があったらどうなるのか？　本来、12月はスパイクを脱いで、スピードを落とした練習をしている時期である。だが、アジア大会で結果を求められる選手は、秋に疲労を抜き、スピードを落とすわけにはいかない。最速で走れるように、試合に向けてのコンディショニングをしなければならない。

ドーハのアジア大会で、末續は200mの優勝を勝ち取った。二連覇になる。世界大会よりランクは下がるが、日本人選手にとって大事な大会である。エースに課せられるものは大きかった。工夫していこう――と末續は考えていた。厳しいスケジュールだが、工夫して対応していこう。

2006年は末續にとって、苦手克服という意識を持って臨んだ年だった。出場する試合を絞って、ピンポイントで調整していくのが彼の好みなのだが、その年は、15レースを走った。末續にとって異例の数だ。タガをはずすという言い方を彼はよくするのだが、レースの走り方や練習の取り組み方など色々な状況で、自分を形作っている枠のようなものをはずしてみて、どうなるかというチャレンジの一つだった。試合数をこなす。その最後にアジア大会がある。そこから、短い期間で調整して、コンディションを落とさずに、大阪大会のある翌シーズンにつなげていく。そのむずかしさは、いやというほど聞かされていた。それでも、工夫して、対応する、それしかないと思ってやってきた。

末續と同じ80年生まれ、そして81年早生まれの〝同級生〟で、陸上界のトップで活躍する選手が四人いる。走幅跳の池田《いけだ》(現井村《いむら》)久美子《くみこ》、棒高跳の澤野大地《さわのだいち》、走高跳の醍醐《だいご》直幸《なおゆき》、110mハードルの内藤真人《ないとうまさと》。野球の松坂世代ではないが、陸上の末續世代と俗に呼ばれることもある五人組は、それぞれ種目が違い、そのトップを担っていることもあり、まさに陸上界の顔である。彼らより二つ年上の400mハードルの為末大の音頭で、大阪大会に向けてのアピールを盛んに行ってきた。人気、実力共に兼ね備えたスター選手たちは、メディアにも積極的に露出し、全国でのイベントもこなし、世界陸上の盛り上げに力を注いできた。一人でも多くの観客に、スタジアムで見てほしい。陸上競技の面白さ、素晴らしさを生で味わってほしい。そのために、できることをしよう。スポーツ選手も、ただ競技するだけでなく、自ら世界に生の情報を発信していこう。

末續世代の五人組は、アジア大会で、活躍した。ますます、彼らへの期待は高まった。誰もにメダルの期待が課せられた。スポーツ・メディアというのは、そういうものである。大きな大会の前には、あおれるだけあおる。無責任に言葉を発する。活躍するというより、メダルを狙えると打ち出すほうが、はるかにインパクトがあるからだ。彼らは確かに素晴らしい選手たちだ。ただ、世界大会でのメダルは、そんなに簡単に手が届くものではない。不可能ではない。まったく手が届かないわけではない。ただ、そのためには、自己ベストに近い、あるいは超える成績が必要だった。ベスト記録を見て、この選手は世界レベルだと報道する。嘘《うそ》ではない。だが、ベスト記録というのは、そう簡単に出るものではない。

期待に応《こた》えるために、最高のパフォーマンスをしなければならない。世界大会に臨むメンタルとして、当然のことのようにも思える。ただ、当り前のように、最高のパフォーマンスを求められる——そこに、じわじわと目に見えない重圧がのしかかってくる。そして、2007年のシーズンが始まり、アジア大会で活躍した選手の多くが首をひねった。身体がおかしい。この時期に、このくらいという動きができない。どうしても調子が上がってこない。いつもと違う冬季を過ごし、疲労の抜けない身体に、メディアと国民からの期待が押し寄せてくる。

試合が行われるたびに、メディアも首を傾《かし》げた。記録がまったく伸びてこないのだ。「課題は見えた」「大阪までには良くなるだろう」——競技者のコメントやメディアの言葉は、期待をつなぐようにも、その場しのぎのようにも響いた。

これはまずい——末續は思った。練習がものすごくつらい。いつもの半分ぐらいしかできない。足が痛いとか、そういった怪我的なものではない。精神的な疲労、頭が疲れているのかと思ったが、それだけでもない。試合数を絞ろう。出口を閉じて調整しよう。普通に試合に出ていったら、これは、まったく持たない。

最低限の試合に絞り、代表選考の日本選手権の200mで20秒20、自己のセカンド・ベストで圧勝する。他の有力選手が確実に勝利はしたものの記録が低調だったのに比べ、一人気を吐いた。

やはり末續はチガウ……と思っていた全ての人は、大阪大会の200m二次予選で驚かされることになった。彼もまた……。いや、彼が一番……。ショッキングだったのだ。脱水症状の痙攣《けいれん》で敗退した日本人選手は他にもいた。ただ、ここまで激しい症状は起こさなかった。そして、末續には、まだリレーが残っていた。彼は大丈夫なのだろうか。走れるのだろうか。

その答えは、末續は、自分でも持っていなかった。わからなかった。やれるかどうかというより、やらないといけないと思っていた。

——今度は一人じゃないし。四人だし。大事な区間だし。ここで僕が引き下がれば、日本の短距離界も引き下がるだろうし。引き下がってしまったら、後輩の高平選手や塚原なんかも、どこかで引き下がってしまうかもしれない。僕らが朝原さんたちにしてもらった、先頭に立って引っ張ってもらった、そのことを忘れたらいけない。もう、現状でリアルに見せていけないことは、絶対にあると思う。朝原さんみたいな人がいて、僕がいて、若いのが二人いて。若い二人はこれから核になる選手。その二人に、見せてはいけないことと、見せなければいけないことがある。ここで引き下がるか、突き進むかといえば、突き進むしかないわけで……。

弱っている姿が人目につかないように〝こそこそ〟しながら、部屋でひたすら身体を休め、末續は決意を固めていた。時々、様子を見に、朝原が部屋を訪れた。この人と、どうしても走らなければ、と、その都度、強く思った。

かつて、六つの世界大会で、様々なポジションで4継を走った伊東浩司がしみじみと言っていた。2走が一番しんどい、むずかしい。元々が400mランナーでマイル（1600mリレー）も世界大会で走った伊東にとって、4継のほうが心理的負担は大きかった。マイルは走る距離に対する不安感はあるが、ある意味、行って走ってくればいい。4継の2走で、しっかり走ってしっかりつないでという使命感、責任感はすごいものがあった。バトンをもらって渡す、ミスができない、怪我ができない、とにかくつながないといけない。

2走は、エース区間と呼ばれる。チームによって戦略が違うので一概には言えないが、少なくとも、ここで置いていかれたら、まったく4継は戦えないので、トップクラスのスプリンターが走ることだけは間違いない。19秒台の200mランナーが走る区間のイメージだと伊東は言う。伊東のその言葉を嚙《か》み締めて、2走は加速力の深い選手だということ、嬉《うれ》しい——と末續は言う。

見た目はあまり派手ではない。段差スタート*の1走からすぐ来るので、抜いたり抜かれたりしない。ただ、その間隔を保つことは大変な仕事だ。遅れず、詰められずという一見地味な走りが、課せられた責任だ。実力が拮抗《きっこう》していると、まさにゼロ対ゼロ。コーナーは浮き沈みがあり、アンカーはゴールするから派手な印象があるが、見た目で変化がない2走が一番仕事をする。ここで、スピードが落ちてしまったら、あとの200mに響く。最悪、〝200mリレー〟になってしまう。前半だけで終わってしまう。

こいつを抜いてやろうとか、バトンをこうしようとか、いい走りをしようとか、変な色気を出さない。末續は4継の時、ほとんど野心を持たない。自分の個性で走ろうとしちゃダメだ。1走と3走の間をつないで、きちんと実力を出して走る、きちんと渡すことだけを考える。

とにかく、メチャメチャ速い選手がひしめいている。黒人選手たちと一緒にガガガーッと走っていたら、もう嵐《あらし》の中にいるようだ。しかも、一番長く走る。末續は110mは走る。100mでも世界のトップ・スプリンターと競り合うのはきつい距離なのに、110mだ。2走の消耗度は、個人種目の200mよりしんどいと思うと伊東浩司は言う。

今の日本の代表チームで、4継の2走を走れるのは、末續慎吾しかいない。

8月31日、4継の予選を控えて、サブトラックでアップのジョグをした時、なんとか100mぐらいは行けそうかなという感じを末續は持った。ちょっと自信のようなものも感じられた。でも、やっぱり、まだ不安はあった。走れるけど、走っていいのかなという不安が……。

激しい症状は回復した。治療して、それなりにコンディションも上がった。ただ、かなりのダメージを身体が受けていて、そんなに簡単に治るものではないと感じていた。

まだ、頭痛がする。頭のことが少し不安だった。

走ることに迷いはなかった。

ただ、結果に確信はなかった。

どのくらい走れるかということも。

走ったあと、自分の身体がどうなるかということも。

4　スタート前――3走

3走――高平慎士。

1984年7月18日生まれ。23歳。

180㎝、60kg。

A型、北海道旭川市《あさひかわし》出身。

大阪大会の4継について、高平慎士は、ただの一度も悪いイメージを抱かなかった。心配をしなかった。

ミスやトラブルの少ない種目ではない。強豪国でも、高確率で決勝に進むわけではない。ハイスピードでのピンポイントの3回のバトンパスや、メンバー四人それぞれの走りの精度など、多くの条件を満たさないと、チームとしての好成績にはつながらない。

ここまでやってきたことに自信が持てている。世界大会に臨む時には、スタートラインに立った時に自信がなかったら終わりだと思っている。そういう意味では、リレーのメンバーは、みんな落ちついている――と高平の目には映っていた。

末續のトラブルは、そばにいたから、詳しくわかっている。それでも、よくよくのことがなければメンバー変更はないという空気の中で、彼が走るだろうことは予想していた。いや、信じていた。リレーのメンバーは、みんな信じて、ただ待っていたのだ。戻ってきてくれなければ、だめな人だから、と。

高平は、末續より四つ年下になる。二人とも、初めて五輪出場を果たしたのが大学2年なので、ちょうど一つのオリンピックを隔てて、年齢的に末續と同じサイクルで来ていることになる。早い世界デビューから、着実に大きな大会に出場して経験を積んできた。高平より一つ年下の塚原とは、大学の試合でライバルとして戦ってきたが、国際経験はかなり違う。高平が4年、塚原が3年の時の関東インカレで100m、200mともに決勝で同タイムのゴールだったが、どちらも優勝者は高平だった。この負け方は、国際経験の差なのかと、塚原がひどく悔しがったものだ。

初出場の2004年のアテネ五輪では、200mの一次予選と4×100mリレー3走を走った。この時のリレーのオーダーは、1走土江寛裕《つちえひろやす》、2走末續慎吾、3走高平慎士、4走朝原宣治で、2走から4走までは、今回の大阪大会と同じである。2005年の世界陸上ヘルシンキ大会でも、その同じ三人がメンバーに入っている。2006年のアテネのワールドカップと、ドーハのアジア大会では、高平、末續、塚原の顔触れがそろっている。このメンバーのことは、「わかっている」と皆が感じるわけなのだ。特に、末續、高平の2―3走のコンビは、お互いに絶大の信頼感を抱いていて、ここでバトンを失敗したことは一度もない。3走は高平がやりやすい、と、末續が言い切るだけの経験と実績があるわけだ。

高平自身にも強烈な自負がある。末續と朝原という、日本で突出した二人の強力スプリンターの間をつなげるのは、自分だけだという。

人間観察が好きだという高平は、リレーの時、バトンをつなぐ相手として、末續、朝原をしっかり観察している。彼らの調子を見極めるのが楽しい。高平は、自分が二人いるような不思議な感覚を持つことがある。実際に走る自分と、もっと広い視野でそれを眺めている自分。そんな第三者の目、成熟した内なる目を持つ23歳。彼は一番近くの観客席にいるようなものだ。特等席だ。末續慎吾の走りをこんなに身近で見られて幸せだという、まるで一ファンのような気持ちすら感じる。

そして、バトンを渡す相手の朝原を、高平は、「信じ切っている」。その4走の位置に、100m世界記録保持者（当時）のアサファ・パウエルがいようと、大阪大会100m優勝者のタイソン・ゲイがいようと、朝原ほどは信じられない。朝原と高平は、年齢がちょうど一回り違う。同じネズミ年。ネズミ・パワーだと意気投合している。

4継は、〝信頼〟の競技だ。前走者が必ず追いついてくれると信じなければ、次走者は思い切ったスタートが切れない。きっとタイミングを合わせて受け取ってくれると信じなければ、減速するラストを粘りきれない。

つまらなくなれば、いつでも陸上をやめると言ってはばからない、クールな印象のある高平慎士だが、誰よりも、多く、心をこめて「信じている」という言葉を口にするのだ。

高平は、陸上を小学校から始めた。少年野球のほうがメインだったが、呼ばれて陸上の大会に出るうちに、6年生の時に全国大会の100mで7位になった。高校では3年のインターハイの２００ｍ、国体の４００ｍで優勝している。専門は２００ｍに置いているが、１００ｍから４００ｍまで確実に走れるオールラウンダーのイメージが強い。そのイメージを高平は必ずしも歓迎しておらず、*ショート・スプリントへのこだわりを強く持っている。

アテネ五輪も世界陸上ヘルシンキ大会も、２００ｍは一次予選で敗退した。力が出し切れなかった。満足な冬季練習をできずに春先から不調に悩んだ２００７年のシーズン、大阪大会の２００ｍは初めて次のラウンドの二次予選に進めたが、準決勝には届かなかった。ベストには遠いタイムだったが、「こんなものでしょう」と高平はさらりと言う。納得のできない結果ではないと。日本チーム全体の不振も、冷静に受け止めている。これでいいとあきらめているわけではない。ただ、起きた物事をありのままに受け止めて、落ちついて分析して、そこから次の一歩を踏み出さないといけないと考える。

２００ｍの準決勝には行きたかった。でも、それは、また次のチャレンジだ。４継には、もっと大きなチャンスがある。メダルが夢ではないのだ。日本代表チーム全体の不振を挽回《ばんかい》することより、４継そのものを最高レベルで走ってメダルを狙うことのほうが、高平にとっては自然な考え方であり、当然のモチベーションだった。この大会が最後と言われている朝原と一緒に、彼のためにメダルを勝ち取る――この大きな夢の輝きの前には、何事もかすんで小さくなってしまうのではないか？

初めての世界大会だったアテネ五輪は、とにかく緊張した。個人種目だけでなく、リレーも緊張した。2走と4走をつなぐ二度のバトンの技術にも、まだ不安があった。オリンピックのリレーの決勝という巨大な舞台にも、飲まれそうになった。予想を上回る、いや、予想すらできないほどの大きな舞台だった。そこに立った者しかわからない。頭が真っ白になるほどの緊張と同時に、強烈な幸せを覚えた。高平にとって、アテネ五輪の経験は「人生を変える」ほどのものだった。

ただ夢中で与えられた3走の役割をこなした2004年アテネ五輪。2走を任されたもののチーム全体が不調で8位がやっとだった2005年世界陸上ヘルシンキ大会。3走を走り好タイムで3位になった2006年アテネ・ワールドカップ。4走で走って、タイと同タイムで優勝を逃し、「日本に帰れない」と真剣に落ち込んだ2006年アジア大会。色々な場を踏んだ。大阪大会に臨むに当たって、アテネ五輪からの3年間で得た自信の大きさを改めて自己確認した。末續と朝原の調子は、何も聞かなくても、ウォーミングアップの時に見るだけでわかる。いざ、レースが始まって、彼らが走り出せば、もう100%ハズレなく完璧《かんぺき》にわかる。だから、多少のミスやズレがあっても対応できる。状況を正確に読み取る力と、対応する柔軟性が高平は人並みはずれて優れている。経験の蓄積、その自信。それが出来るのは自分だけだという自負。自信と自負にがっちり支えられて、高平は落ちついていた。あいつは冷静だから——と末續は高平を評価する。

これまでの世界大会での日本代表4継の歴史で、3走は、何度か魔の区間となった。1996年アトランタ五輪の予選で3走の井上悟《いのうえさとる》から4走の朝原宣治にバトンが渡らなかった。土江、伊東、井上、朝原という各選手の走力が高かったので、振り返ると一番もったいない大会だったかもしれないと伊東は語る。それから、2000年のシドニー五輪で3走の末續が肉離れを起こし、2001年の世界陸上エドモントン大会で3走の藤本が隣のレーンの選手から肘《ひじ》打ちを受けて、それぞれ順位を下げた。

藤本さんはガタイがいいから、それでも持ちこたえたけど体重の軽い自分だったら、もうふっとんでいる——と高平は笑う。高平が走れば、3走がトラブルというわけでは、もちろんない。それでも、柔軟な対応ができて冷静で怪我が少ない高平に、チームメイトの信頼は厚い。

3走高平の持つ意味は、単に安定、安全ということではない。今の日本の4継のバトンはただつなぐだけじゃない、もっとクリエイティブだと末續は言う。次走者は前走者の走ってくる状態を見極めて、苦しいラストの走りを引き立てる、あるいはカバーするスタートと加速の仕方ができる。そして、前走者が次走者をより良い状態で走らせられるバトンの受け渡しもできる。

「僕が上がりかけ（加速）の時に、末續さんがハイって声をかけてくれている。加速する前にハイと言われて手が上がることによって減速するというのが末續さんはわかっているので。そうなると、僕が〝殺される〟ことになる。僕がしっかり加速できる段階でハイと声をかけてくれているのがわかるんですよ」

と高平は言う。殺される、というのは、きちんと加速ができなくて自分の走りにならないという意味だ。高平が朝原に渡す時も同じこと。スタートに癖のある朝原はバトンを渡しやすい相手ではないが、高平は朝原を〝殺さない〟ようにきちんとつないでいける。もらって渡す、2走と3走は、バトンによって他の走者の生死を分けるのだ。

高野進が代表短距離の監督を務めるようになってから、4継のバトンは、オーバーハンドからアンダーハンドに変わった。運動会などで見慣れている、いわゆる普通のバトンパスがオーバーハンドだ。アンダーハンド・パスは、もっと専門的な競技レベルが必要となる。次走者が肩の位置まで手を高く上げ、前走者が腕をいっぱいに伸ばしてバシッと渡すのがオーバーハンド・パスだ。アンダーハンドは、渡し手と受け手の距離がもっと近く、走る時の腕振りに近い低い手の位置でパスする。握手するような感じでそっと渡す。

近づいて渡せるのでバトンを落とすなど決定的なミスが少ない（心理的負担が軽い）

ことと、走るフォームを崩さずに自然にバトンをもらえるので加速しやすいという利点がアンダーにはある。オーバーは、双方が腕を伸ばすので、そのぶんの距離が稼げることと、勢いよく受け渡しをするので次走者に気合が入るなどの利点がある。選手によって好き嫌いが分かれるし、リレー・チームによって向き不向きもある。

塚原、末續、高平は、大学がアンダーハンド・パスだったので、それに慣れている。オーバーでは、もう恐くてやれないと高平は言う。ほとんど経験のない伊東浩司はアンダーはわからないと言い、どちらもしっかり経験している朝原は一長一短だとして選《よ》り好《ごの》みはしないようだ。

ただ、アンダーにしてから、代表の4継は、まだ、致命的なバトンミスをしていない。そして、その持続しているいい経験が、選手たちに自信を与えている。大阪大会の始まる前、末續がぎっくり腰になったこともあり、メンバーはほとんどバトンの練習をしなかった。それでも、不安はなかった。

緊張すると、アンダーの時、受け手の手が縦（地面と垂直）になってしまいがちだ。アンダーは受け手の手のひらが地面に（下に）向いていないと渡せないので、それは困るのだと末續は言う。3走は新しいメンバーが入ることが多いポジションでもある。ニューフェイスが緊張して手を縦にしてしまうと、2走は本当にやりにくい。

高平慎士には自信がある──アテネ五輪の時よりも、ずっとずっと。

バトンパスにも。

3走のカーブの走りにも。

自分の仕事はわかっている。失敗するイメージはまったくない。信じて待つ、きっちり走る、信じて渡す、ただ、それだけなのだ。

5　スタート前──4走

4走──朝原宣治。

1972年6月21日生まれ。35歳。

179㎝、75㎏。

B型、兵庫県神戸市出身。

世界選手権は、大阪で6回目となる。オリンピックには3回出場している。過去8回の世界大会で、100mは5回の準決勝に進出。この数字はすごい。日本の有名な陸上選手の経歴を調べても、ここまでの数字は出てこない。これだけ長く、これだけトップレベルで競技を続けられるのは奇跡的なことだが、この経歴の数字をあげつらうよりも、35歳のスプリンターが10秒1台のタイムを連発できる、そのレースでの、その走りそのもののインパクトのほうがはるかに強烈かもしれない。

2007年の朝原宣治の走りをナマで目に焼きつけた人たちは、スポーツにおける偉大な瞬間に立ち会ったことになるだろう。

元々は走幅跳の選手だった。高校から陸上を始め、3年のインターハイで優勝。推薦で進んだ同志社大学の3年に大ブレイクする。幅をメインとしながら、助走の走力を鍛える副種目として100mにも出場していたが、1993年10月の国体で、10秒19の日本新記録を樹立。12月にはアジア大会で日本歴代2位の記録となる8m13を跳び、和製カール・ルイスとして一躍脚光を浴びた。初めて、世界大会に出場したのは、1995年のイエテボリ世界選手権、走幅跳で12位となった。それから、12年間、朝原宣治は、怪我によるブランクをはさみながらも、常に日本陸上界のトップで、世界を相手に戦ってきた。

高野、伊東、末續——東海大学出身スプリンターの系譜の隣で、伊東より二つ（3学年）年下、末續より八つ年上の朝原は、彼らのように何かを受け継いでいく形ではなく、まったく独自の道を歩んでいた。

パイオニアである。10秒1台、10秒0台のタイムを日本人で初めて出している。100mの日本記録を3回更新した。いずれも、走幅跳専門の選手時代だ。そして、ドイツで走幅跳を学ぶために5年間の留学。踏切足を骨折して専門をスプリントに替えてから、今度はアメリカへ留学。ドイツもアメリカも単身で海外に渡り、日常会話から学びながら、優れた指導を受け、高いレベルの練習仲間と切磋琢磨《せっさたくま》して自らを鍛え上げた。陸上選手の本格的な海外留学に前例があったわけではない。朝原が自分で考え、望み、調べ、実現させた試みだ。ヨーロッパのグランプリ・レースも回り、世界大会レベルの選手たちと共に走った。この長期に渡る海外での経験が、大きな舞台に臨む時の揺るぎない自信の一つになっている。これほどワールド・ワイドなスプリンターは、日本では他にはいない（短期留学やグランプリ・レースを回った選手は何人もいる）。

そんな朝原宣治にも、二度、競技生活の危機があった。一度は、踏切足を骨折し、ドイツ留学中ながら、治療のために日本にいたほうが長かったという最後の2年間。2000年のシドニー五輪の4継で世界の舞台に戻ってくるまでの道程《みちのり》は険しかった。

また、2004年のアテネ五輪の後は、32歳という年齢のこともあり、次の北京五輪までのモチベーションが保てず、目的喪失した。コンディションもテンションも上げられないままで出場した2005年の世界陸上ヘルシンキ大会で結果を出せず、引退を考えた。しかし、閉会式で、次のホスト国が日本だということで「大阪で会いましょう」という横断幕を目にした時、遠い先だと思っていた大阪大会が間近に感じられた。神戸で生まれ、京都の大学に通い、大阪で勤務する彼にとって、大阪は、まさに地元である。単に日本というだけでなく、もっと、ピンポイントの地元開催なのだ。その地元ということが、すごく魅力的に思えてきた。ずっと海外でやってきて、観客もすべて外国人だったので、地元大阪で日本人の大勢の観客の大声援を受けながら走ったら気持ちがいいだろうなとしみじみと思った。朝原のアスリート魂に再び火がついた。

地元大阪で晴れの舞台に立ちたいという強烈なモチベーションが生まれたが、肉体的にも精神的にも、かなり状態を下げてしまっていたので、ほとんどゼロからの再始動となった。当時33歳、その年齢で、世界大会で戦えるアスリートの身体にどこまで戻せるかという手さぐりのチャレンジだ。2006年は休養の年と位置付け、練習や試合出場をセーブした。基礎的な部分があまりに落ちてしまった身体がなかなか回復せず、無理かなと思ったこともある。2007年の年明けからようやく手応えをつかみはじめ、シーズンインしてからは10秒1台のタイムを連発したりしたが、本当に戦えると自ら確信したのは8月初めの地元の記録会だった。屋外のレースは、常にコンディションに左右される。一番大きな要因は風だが、トラックや気候もタイムに関係してくる。そして体調などの個人の状況を踏まえた上で、スプリンターは総合的判断をする。行けそうか？どのくらい行けそうか？　朝原は大阪大会のあるその月の初めのレースでGOサインを出した。

最後の世界大会――自他共にそう認識していた。

5回のチャレンジですべてはねかえされた決勝への道。今回の六度目の挑戦で、夢のファイナリストになれるか。そして、もう一つ、走力、連係、バランスなど、かつてない、いいチームが組めた4継で、メダリストになれるかどうか。

大学時代からの12年の交際を実らせた伴侶《はんりょ》は、シンクロナイズド・スイミングの銅メダリスト（1992年バルセロナ五輪）奥野史子《おくのふみこ》だ。刺激しあい、支え合い、かけがえのない存在として共に歩んできたが、メダルへのあこがれは彼女の存在によりいっそう強くなった。

100mでの決勝進出。4×100mリレーでのメダル獲得。どちらも大きな大きな、そして実現不可能ではない夢なのだ。

8月25日、大阪大会初日。100mの一次予選、第1組目に朝原は登場した。まさに口あけ。自分が結果を出すことにより、日本チーム全体の士気も上がるだろうと意識もした〝スターター〟であった。

一次予選が一番緊張した。朝原ほどの歴戦のベテランでも、やはり、蓋《ふた》を開けてみないと、走れるかどうかはわからない。キレのあるスタートを切り、パワフルな加速で、10秒14（＋1・0）の*シーズン・ベスト。朝原は1レーンで走り、一番離れた8レーンのタイソン・ゲイとの距離間がつかめなかったため途中で流せなかった。

二次予選は、ある程度、見通しがたったために、逆に集中力を欠いたが、10秒16（＋0・8）の4着で準決勝進出。一次、二次ともに、10秒1台をそろえる、素晴らしい走りで、ファイナリストへの夢は、朝原だけでなく、日本国民のものともなった。行けたらいいなあ、ではなく、本当に行けるかもしれない、と。

だが、朝原は、ずっと身体へのダメージ、そこからの回復を気に掛けていた。朝はそんなに疲労を感じなかったが、バスで競技場に向かうあたりから筋肉痛が出始めた。軽めのアップにして、レースに臨んだが、もしかしたらエネルギーが残っていないんじゃないかという不安を完全に頭から振り払うことはできなかった。

スプリンターは同じ日の2レースはある程度予測ができても、日が変わると、何もかもが信じられないほどがらりと変わってしまうことがある。体力に不安のない全盛期のアスリートでもそうである。ましてや、35歳の朝原は、どう走ったら、どこまで〝持つ〟か……そのコンディショニングをとことん考え抜いてきた。様々なケースを想定する。気持ちはポジティブに持っていく。だが、いいパターン、悪いパターン、その両極端、一本一本走ってラウンドを踏んでいくその流れも幾パターンもの想定をする。

8月26日、ほぼ満員の大観衆で埋め尽くされた長居競技場の準決勝のスタートラインに立って、朝原宣治は、決して冷静ではなかった。彼をとらえていたのは不安や緊張ではなく、とてつもない感動だった。「3レーン、アサハラ」とコールされた時、わきおこった大歓声、自分一人に向けられた応援の熱狂。地元大阪の観衆からの声と一体になり、夢の舞台を走る。半分泣きそうになった。武者震いのようにぞくぞくした。

*フライングもあり、満点のスタートではなかった。でも、フライングの前の1回目のスタートのようにジャストで出られても、そのまま〝持たなかった〟と思う。緊張などによるメンタル面のマイナスではなく、明らかに身体のダメージだった。力が出なかった。このレースを戦うだけの力が残っていなかった。結果は、10秒36（+0・3）の8着。前日に10秒1台を2本揃えたのに、翌日は3台になってしまう。そこが１００ｍの恐さだ。あるいは、前日に2本そろえたがためにエネルギーを使い過ぎてしまったとも言える。

レース後、朝原は号泣した。めったに見せない姿だ。悔し泣きではない。夢のような舞台で、心行くまで戦うことができた感動の涙だった。

京都の家に一度帰って家族と過ごしたが、すぐに大阪の選手たちの拠点としているホテルに戻ってくるようにと呼ばれて、翌日の夕方には合流した。高野監督は、朝原のテンションが落ちてしまうことを心配したのかもしれない。

身体が疲れていたので回復させながら、リレーへの準備の練習も始めた。気持ちを緩やかに盛り上げながら、長居競技場のサブグラウンドで、やはり100mの終わった塚原、リザーブの小島と同じ時間にそれぞれの練習をした。その間に、200mのレースが始まり、高平のチャレンジ、末續のトラブルを目《ま》の当たりにした。

朝原の代表チームでの4継の歴史は長い。1996年のアトランタ五輪で初めて走り、三度のオリンピック、四度の世界選手権——七回の世界大会に出場、その全てを4走で走っている。まさに、代表4継の主みたいな存在だ。長年、多くの選手と共にチームを組んできた。その朝原がよく口にした言葉——「このメンバーなら出るやろう」——日本新記録である。38秒31。1997年アテネ世界選手権の準決勝(井上、伊東、土江、朝原)で一度出し、2000年シドニー五輪の準決勝(川畑《かわばた》、伊東、末續、朝原)で二度目を出している。出る、出ると言われながら、7年間、破ることができずにいた*ナショナル・レコードの更新が期待されていた。大きな目標の一つではあったが、リレー・メンバーは、いい意味で軽く意識していた。ちゃんとやれば、超えられるタイムだろうと。朝原は、もっと高いところを見ていた。メダルが狙えるメンバーだと。8月28日、

200m予選の日までは。

100mが終わった時点では、朝原自身も塚原も調子がよく、結果を出していた。しかし、200mでは、末續がアクシデント、高平もそんなにタイムが上がらずに共に二次予選敗退。

一番心配したのは、末續の身体よりも気持ちだった。末續の様子をそばで見ていて、徐々に回復していく姿に身体はけっこう大丈夫だと直感的に思っていた。激しい痙攣と聞いたが、それは休めば大丈夫かなと。ただ、心が折れてしまうのではないかと心配していた。同じトップ・スプリンターとして、ショックの大きさは想像ができる。日本開催ということでアピールして、宣伝して、エースとしての重圧をになってきたランナーの心理。もちろん、末續の体調は元より、精神状態にしても、自分がどうこうできることではない。どうかなあと心配しながら、気遣いながら、「お願いだから」という感じで任せながら、自分は自分でリレーをきっちり走れるように準備していた。

4継の予選の前日には、末續は、すごく元気そうに見えた。「大丈夫。大丈夫です」彼の口から、そう聞いていた。本当に大丈夫だな、と朝原はベテランの目で静かに見ていた。

6　予選

8月31日、20時47分。

天候曇り。気温27℃、湿度63％。

「On your mark」

位置についての声に、塚原直貴はスターティング・ブロックに向かって歩いた。視線はまっすぐ。静かな闘志が、22歳の若々しい双眸《そうぼう》にも、筋肉質のたくましい身体にもあふれていた。

両手をスタート・ラインの手前に揃える。右手には、メタルブルーのバトン。人差指で支えて、地面にしっかりと残りの指をつける。バトンは軽くしっかりと握っている。一度、地面につけた指を浮かせるように軽く動かして、さらに柔軟にする。頭を深く下げる。自分の腹をのぞきこむように。

4走の朝原宣治も下を向いている。号砲が鳴る前の、最後の集中の瞬間。2走の末續は大きく息を吸い込み、静かに横を向いた。スタート直前の1走の塚原を見るのではなく、自らの中にぐっと集中していく。

塚原のスタート・フォームは、かなり変則だ。普通は片足ずつ前後してスターティング・ブロックにかけるのだが、彼は両足をほぼ同じ位置にセットする。東海大の先輩の末續が発案した、前についた足から先に出る独特のフォームをヒントに、塚原が自分流にアレンジして作り上げたものだ。

ピストルが鳴る。

塚原の左足が一歩目を刻む。

リアクション・タイムは、0・149。6人の中で最高のピストルへの反応だ。

*コーナリングが得意なわけではない。ただ、身体を内側に傾ける内傾をうまく利用すると、スタートからの加速はカーブのほうがしやすいことを体得している。低い前傾を保ったまま、カーブにうまく身体を預けるようにして、しっかりと接地していく。塚原は、調子がいいとコーナーがすごく楽に走れる。

一番外側の7レーンからの段差スタートなので、他のランナーを気にせずに先頭を走ることができる。走っている最中の順位はわからない。わからなくてもいい。無心で全力で走るのみだ。初めての世界大会の大舞台で自己ベストを更新した、その力、勢いを次走者に託す。

末續がスタートを切るのが見える。2走がどのタイミングでスタートするかで、バトンの感覚もわかる。いい感じだと「渡るな」と思う。ダメな時は「渡らない」「詰まる」と感じる。

今は、ジャストのタイミングではない。詰まるか、渡らないか？　詰まる時には、衝突事故のように片足が「ハッ」と前に出るのだが、今回は予測しているから大丈夫だ。例え、詰まっても、スムースに渡せる。

「塚原、あいつ、うるさいんですよ」と先輩の末續は笑う。「鼻息が荒いから、走ってる時」

うるせーや、と思いながら、末續はスタートを切った。気持ちが熱いわりには冷静なのが自分でわかった。

ウォーミングアップの時、足長26足で、いつもは絶対に詰まらないのが、追いつかれてしまった。足腰にまだ力が入らなくてダッシュがきかないのだ。ここは仕方がないと思い、高野監督に「ちょっと詰まります」と申告した。引っ張って（前走者を長く走らせて）届かないよりは、思いきり出てちょっと詰まるほうがいいと判断すると、「ああ、いいよ、それで」と言われた。

1―2走のバトンパスは想定通りに詰まりながら、確実に渡った。塚原は、末續の後を追うように、なおも走り続ける。彼は次走者に〝ついていっちゃう〟リレー・ランナーだ。もし、バトンミスがあった場合、落としたバトンを次走者は拾うことができない。必ず、前走者が処理しないといけない。なので、確実に渡るまでは、足を止めるなとリレー走者は教わっている。でも、それだけではなく、塚原は気持ちと一緒に身体がついていってしまう。追いかけたい、追い越したい、熱風のように次走者をあおるタイプなのだ。1走はそういうタイプがいるべきだと末續は思う。勢いをつける。レースの流れを作る。塚原は、見事にレースの流れを作り、勢いを持ってきた。

熱い気持ちで冷静に走りながら、しかし、末續は、頭が痛かった。走り出してすぐに、地面を叩《たた》く感覚がそのまま頭に突き刺さるように響いた。着地、いてえ、着地、いてえ、一歩ごとに頭いてえ、いてえ、いてえ！

最初の20mくらいは、自分の感覚がクリアじゃなかった。それが一番恐かった。この試合が終わったら、俺しゃべれなくなっちゃったりしたら、どうしようかな？　とふっと思った。

加速して、だんだん力が入ってくる。それと同時に、激しい痛みが薄らいできた。高平にバトンをつないでから、ウェイト・トレーニングをやりすぎた時のように、頭がくらっとした。もう、それが精一杯、バトンを渡しただけで精一杯だった。叫んでいた。高平の背を押すように。ウワーッと。

これほど不安な体調の中で、エースはきっちり仕事をした。１００ｍの区間タイムは*９秒13（日本陸連科学班による非公式タイム）。*加速走なので、ブロック・スタートの１００ｍ個人レースよりも１秒くらいタイムが縮む。同走したアメリカのスピアモン（大阪大会２００ｍ３位）が９秒17で、彼より速く走ったのだから、ものすごい好走だ。

高平は、ひたすら集中することに努めた。あまり観客席も意識せず、決勝に進むための走りとバトン、自分の仕事に集中した。

２―３走の足長は、28足。変更なし。末續とのバトンは、わりと距離を取ってやる。塚原が次走者を追いかけたいタイプなら、高平は前走者から逃げていきたいタイプだと末續は言う。

その末續が走ってくる。彼の走りを見ると、その日のキレは確実にわかる。ただ、やはり、高平にはわずかに不安があった。あまり、思いきり出てはいけないのではないかという……。

高平は、長距離走者のようなスリムな身体つきをしている。特に手足の長さと顔の小ささは日本人離れしていて、見る人をハッとさせる強烈なインパクトだ。その長い細い腕をだらりと下げ、スタートの構えをして、鋭い目でバックストレートを見据える。100分の1秒のタイミングを見極めるような熟練の目、だが本能的な反射神経に任せているかのような野性的な目でもある。一度膝《ひざ》を浮かせ、次に右膝がぐっと沈んだ。身体を一気に倒していくような、飛び込んでいくようなスタート、長身がきれいな斜めのラインになり前傾して加速する。

末續の左手から高平の右手にバトンが渡る。高平は180cmあるので、アンダーといえども、腰のあたりで受けると、小さい選手のオーバーの位置くらいかもしれない。タッパがあるから渡しやすいと末續は言う。

ここのバトンも少し詰まった。末續が後ろで抑えた(減速した)のが高平にわかった。高平としては、それなりのタイミングで出て、詰まったので、末續がまずまず走れたのだろうと思った。

2走が距離を詰めるというより、全身全霊で位置をキープする区間とすると、4継の鍵《かぎ》はカーブになると、高平と塚原はよく話している。二人ともカーブを担当する。他のチームにとって落とし穴にもなりがちなポジション。それでも、最近は3走に一番速い選手を持ってくるチームも増えてきた。前に高平が走った、2004年のアテネ五輪では、3走の八人のうち、100m9秒台の選手が六人いた。3走で勝負をかけてくるチームも多いのだ。

コーナリングは得意だ。それも、２００ｍの適性の一つだと思う。技術として練習するのだが、かなり、天性の感覚によるものが大きい。２００ｍを専門とする選手は、カーブをうまく走れる人が多い。高平は、大きなストライド*で走るのだが、無駄なくなめらかに内側のラインを刻んでいく。

アメリカとジャマイカがいたので、その強豪の2チームに何とか食らいついていかないとなと普通に考える。ただ、7レーンで一番外側、先行、先行でトップを走る位置なので、本当に1位で走っているんだという意識で思い切り行く必要があった。詰まったぶん、加速が悪かったが、すごく気持ちよく走れた。前に誰もいないのが当り前のように走ったが、内側から来られるという意識は持っていた。

１００ｍのラップタイム*は、9秒30。

朝原が、ずっと代表の4継で4走を任されているのは、競り合いに強く、後半に減速せずゴール前で勝負できるパワー・スプリンターだからだ。理想的なアンカー・タイプ。ただ、バトンの受け手としては、代々の3走が苦労してきた相手でもある。

「朝原はバトンを持ったらむちゃくちゃ速いんですけど、持つまでが、彼、大変ですから」

何度も代表の4継で一緒に走った伊東浩司が笑った。

「何度も一緒に組まないと、彼の特徴はつかみにくい。普通の選手とちょっと出方のタイミングが違うので」

朝原はスピードに乗るのが速い。普通の選手は、チェックマークを見て、じわじわーっと上がっていくものだが、スタートしてボーンと速く出てしまう。急激な大きな加速力があるのだ。1996年アトランタ五輪で4走朝原とバトンをつなげなかった3走井上悟が、まるでカール・ルイスのような、外国人並みの加速力だと呆《あき》れ返った。

さらに、朝原は、どちらかというと、〝早出〟なほうだ。早出、遅出と言うのだが、前走者がチェックマークを越えた時に出るタイミングのことである。前走者がマークの白いテープをきっちり踏みつけて走るわけではなく、たいがい、またいで駆け抜けるわけなので、完全に越えてから出るタイプと、越えたなと判断して早目に出るタイプがいる。ストライドが大きな走者ほど次走者が見えづらいこともある。高平は大きなストライドの選手だ。そして、朝原は、自分ではそのつもりはないが興奮しているせいなのかなと首をひねりながらも、早目にスタートを切ることが多いタイプだ。

3―4走の足長は、26足。

高平は、朝原の出るタイミングや癖は飲み込んでいた。だが、この予選の時、朝原はスタートを切る姿勢の足の位置を少し変えた。構えた時に窮屈に感じて、安定するように少し足のスタンスを広げた。*ブルーラインに後ろ足で合わせるので、前の足の位置をずらしたことになる。後ろ足の位置を変えていないので朝原は意識しなかったのだが、前の足が出ていくので、実際はそのぶんの足長を余分にとったことになった。1足ばかり。30㎝に満たない長さ。それでも、高速でのピンポイントのバトンには大いに影響する。

遠い！　と高平は思った。朝原のスタートが早い。早目にハイの声をかけたのか、3―4走のバトンは朝原が加速を緩める形で結果的に詰まって渡った。ヤバイというほどの感じはしなかった。朝原が早出するのは想定内だ。でも、アテネの時だったら終わっていたかもと高平は思い、この3年での成長を改めて感じた。絶対にもらってくれるという信頼。絶対に渡せるという自信。

「やってやる」とはやる気持ち、緊張ももちろんあったが、それでも「予選だからね」という余裕が皆にあった。決勝に照準を合わせていた。それぞれが、それぞれの仕事をきちんとできれば、予選は通過できるだろうと。アメリカ、ジャマイカがいて、「外れ組だね」と冗談を言い合えるくらいの明るさがあった。その強豪国も、そんなに強く意識したわけではない。どのみち、決勝になれば当たる相手だ。そして、朝原は、3年前のアテネ五輪の4継予選で、5着だったがタイムで拾われて決勝進出した経験をプラスに考えていた。どこと走っても、要するに、自分たちがそれなりのタイムを出せば予選は抜けられるのだ。38秒の真ん中へんで十分なはず。

日本は2走までトップ争いをしてきた。だが、第4コーナーをまわりながら、朝原がバトンを受けた時、すでに、アメリカがぐんと伸びていた。ジャマイカのアンカーは、100m世界記録保持者（当時）のパウエルで猛烈なダッシュ力だ。高平が3位争いをしていた2レーンのナイジェリアがホ*ームストレートでは先行していた。ナイジェリアのアンカーは、100mで4位になったファスバで、アテネ五輪で3位になったレース（日本は4位）の1走でもある強いランナーだ。朝原は彼をチェックしていた。ファスバがどれくらいで走ってくるのか……。

3着と4着は、まるで違う。タイムで拾われて結果的に4着で決勝に残れたとしても、明日に向かう気持ちや勢いが違ってくる。

朝原はリラックスしていた。感覚が非常に良かった。力強い加速、力強い走り。ホームストレートの真ん中あたりまでは、ナイジェリアの力がわからず、とにかく全力で走った。ファスバをぐいぐいと抜き去る。100mのレースでは、準決勝敗退の朝原が、4位のファスバを、リレーでは抜き去ってしまうのだから、すごい走りだ。

静止状態でブロックから飛び出す走りより、4継の2、3、4走のような加速走のほうが日本人には向いていると朝原は思う。ブロック・スタートでエネルギーを使ってしまい、後半に残らなくなる。日本人には、そこまでのパワーがない。だから、加速走でつないでいく4継が、日本は伝統的に強いのだ。

パワーダウンするどころか、ジャマイカのパウエルとアメリカのディクソンを追い上げる勢いで、朝原は3着でゴールした。

左で持っていたバトンを右手に持ち替える。その右手の方向にスタンドがあり、朝原は大きくバトンを振って挨拶《あいさつ》をした。ゆったりとした穏やかな笑みを浮かべている。3着で入れた。確実に決勝に進出できた。自信はあったが、末續のトラブルもあり、実現できて、本当に良かった。

末續は、トラックに座り込んでいた。あぐらをかき、膝を抱えるようにして。くらっときた頭から、徐々に痛みが薄らいでいくところだった。ガン、ガン、ガンときていたのが、カン、カン、トン、トンとフラットな感じになってきた。スタンドからは、末續への声援がしきりと飛ぶが反応できない。だいたい、余裕があったら、こんなふうに座り込んだりしない。どうしようと最初思っていたのが、だんだん頭痛がおさまってきたので、予選を走って気合が入ったのかなって、ちょっと思った。バトンを渡した後のレースを見るのが恐かったが、電光掲示板で、朝原が3着でゴールするのは見た。よかった、よかった、と、ただ、それだけを思っていた。

　タイムを知ってビックリした。

目的は一つ、決勝進出。記録のことは、メンバーは誰も殊更に意識はしていなかった。出る時は出るとは思っていたが、狙っていく感じではなかった。

38秒21。日本新記録。アジア新記録。

　朝原の笑顔が大きく広がった。落ちついた穏やかな笑みから、満面の会心の笑みに、さっとはじけるように輝いた。

　塚原は、南サイド・スタンドに向かって、大きく手を振って、めいっぱいの喜びを伝える。

　末續は、立ち上がった。ほっとしたように顔がゆるんだ。目に明るい光が甦《よみがえ》った。

　塚原が、内からあふれ出すものをこらえきれないかのように大きく空に向かって咆哮《ほうこう》した。

　高平も破顔一笑。そして、朝原に文句をつけていた。「早く出過ぎでしょう」と。「ようわからんわ」と答える朝原に、「あとでビデオ見てみましょうよ」と笑いながら念を押した。

朝原は、バトンをカゴに返し、スタンドにガッツポーズをしてみせた。アメリカの3走のパットン選手が健闘を称え合《たた》うように祝福に来た。「グッド・レース」とパットンが差し出す手を握った。国外でのキャリアが長い朝原は、他国の選手たちの多くと顔見知りだ。オーストラリアの選手たちと談笑する。

末續がトラックから、ゆっくりと引き上げていく。

テレビ局のインタビューを四人そろって受けた。

「100の悔しさがあったので払拭できました」と塚原。

「苦しい戦いになっているけど、絶対にあきらめないつもりで走りました」と末續。

「決勝はもうちょっといい走りをして、まだまだ出ると思うので、しっかり朝原さんにつないでいきたいと思います」と高平。

「予選なんで、あんまりテンションを上げすぎないように抑えて走りました」と朝原。

皆、落ちついたコメントだった。

38秒5か4くらいでと思っていたので、朝原は、このタイムにはびっくりしたのだ。

「よっぽど条件がいいんだと思ったんですよ。トラックも風も。風が一周回っているんだなと思いましたね」

長居に吹くという、一周回る追い風。伝説の風。めったには吹かないが、まれにあるという伝説の……。

確かに、2組目のタイムは、ジャマイカが[*]今季世界最高記録、アメリカが[*]国内今季最高記録、日本がアジア新記録と、ベスト・ラッシュだ。

日本は2組目の3着だったが、このレースのほうが上位が速かったので、全体でも3位という好位置につけていた。1組目のブラジルやイギリスよりタイムが良かったのだ。

明日の決勝で、全体の3位なら、銅メダルだ。

末續が言うには、アベレージ的にもっといいチームの時もあった。個々の純粋な走力やキャリアを考えて。

「なんだけど、相性はこのチームかな、と。相性というかチームとしての四人。カルテットのチームとしては、過去、僕がやったチームの中で一番いいチームなんじゃないかな。年齢のバランス、陸上競技の見方、価値観。ひょっとするとと思っていたんですけどね」

大きな可能性を見ていた。

予選通過という階段を確実に上った。

銅メダルを確実に狙える3位通過。

アジア新記録という輝きに包まれて。

7　インターバル

記録を出したので、ドーピング*検査があった。新記録を出した時には義務づけられている。ドーピング・ルームで、なんでこんなことしなきゃなんないんだ？　と陽気に愚痴りながら、反省会をした。バトンのタイミングのことなど。

それでも、記録を出してのドーピング検査だから嬉しい愚痴だ。末續は、２００ｍ二次予選のあとも、痙攣を起こしたために検査を受けなければならず、脱水症状で体内に水分がないので、さんざん飲みまくって出ない尿を絞り出さなければならず拷問にかけられるような思いをしていた。

検査で遅くなり、競技場から40分近くかけてバスでホテルに戻ったのは、もう12時近い時刻だった。それから食事である。ホテル内で食べてもぎりぎり間に合う時間だったが、限られたメニューしかない選手用の食事には数日で皆飽きていて、たいがい外で食べるようになっていた。その時間で開いているのは、ホテルから近い『なか卯《う》』くらいのものだ。

大会時のホテルは、二人部屋の場合が多いが、今回は、ゆっくり疲れをとったり集中したりするために全員シングルにしたため、ビジネスタイプのホテルになった。個のプライバシーは保てるが、ホテル内で食事をしたり、息抜きをしたりする場所の選択肢がなく、外に出ることが多くなる。代表選手は、皆、ＪＡＰＡＮのジャージの着用を義務付けられていた。赤と白のウェアは、よく目立つ。大阪の町中なので、ホテルから五分の場所に行く時でも、多くの人目にさらされ、声をかけられたり、サインを求められたりした。

大阪の人は、親しく声をかけてくる。「朝原、昨日は良かったな」と肩をたたかんばかりの親密さで声をかけてきた中年男性のことを、他の選手たちはてっきり知り合いだと思ったら、実はアカの他人だった。子供が何人も走って追いかけてくることもあった。選手の名前を間違うこともある。「タメツグ選手、２００ｍハードルがんばってください」為末が４００ｍハードル、末續が２００ｍの選手で、その二人をごっちゃにしたものなのか、大阪人のギャグなのか？　ちなみに２００ｍハードルという競技はない。

それは、嬉しいことでもあったが、大きな大会の時は、選手村のように外界から隔離された場所のほうが心身の調整はしやすい。ある意味、自国開催の一つのリスクでもあった。

深夜のなか卯は、他の客がいなかった。四人だけで、誰の目も気にせず、一つの大仕事を終えた彼らは、のびのびと解放感にひたった。特に、注目度が高い上に、ぎりぎりの体調で賭《か》けのようなレースに臨んだ末續は、心の底からくつろいで、〝普通の人間〟に戻れたとしみじみと思った。

「贅沢《ぜいたく》しよっか。ねえ、贅沢」

「ささやかな贅沢だね」

「アジア記録出して、牛丼《ぎゅうどん》だもんな」

と口々に言いながら食べた牛丼は、末續慎吾の心身にしみいるほどにうまかった。このがらんとした夜更けのなか卯の店内、毎日のように来ているが、リレメンだけで〝貸し切り〟の親密な空間、ささやかなご褒美の牛丼の味をきっと忘れないだろうと思った。

若い塚原と高平は、やはり興奮していて、レースの話に花を咲かせた。自分たちのこと、他の国のこと。朝原と末續は聞き手にまわって楽しんでいた。すごいことをやってのけたぞというノリではなかった。38秒21のアジア新記録——7年も更新できなかった日本記録を一気に0・1秒も縮めた——は、いいタイムだが、このくらいは出ても当り前というムードが四人にはあった。大きな目標として、記録更新とメダルの二本立てでやってきて、えらくあっさりと一つクリアできちゃったなあ……と高平は拍子抜けするくらいだった。3カ所でバトンが詰まって、このタイムなのだ。明日はもっと上がる。予選で、守りには入らないように戒めながらも、確実にと気持ちを抑え気味に臨んだわけなので、さらに場が大きくなる決勝の舞台で、もっともっと行けるだろう。新記録に舞い上がってしまうことはなかった。それがプレッシャーになることもなかった。当然のように、明日はもっといいレースができる、しよう、そんな冷静な闘志を燃やしていた。

彼らがアスリートとして最高の精神状態を保てたのは、やはり、朝原のラスト・ランになるだろうという思いからだった。朝原と共にメダルを——という願いとモチベーションは、他のプレッシャーを寄せつけない強さがあったのだ。チームとしては、本当に小コミュニティで話をしていた、と末續は思う。日本がどうだとか、アジア記録がどうだとか、別の世界の話のようだった。

末續は、2000年のシドニー五輪から、朝原と選手として大きく関わってきた。朝原の長い競技歴の中では一部かもしれないが、同じ代表として世界で戦い、国内レースで共に走った。好調時も不調時も、アスリートとして何も変わらない、揺るがない、とてつもなく大きな存在感にあこがれていた。大阪大会では隣の部屋だったこともあり、積極的に心行くまで話をした。その貴重な時間が終わってしまう、もったいない、この先もあればいいのに、名残惜《なごりお》しい気持ちが、メダルという目標に凝縮された。

2004年のアテネ五輪から、ずっと3—4走のコンビを組んできた高平にも特別な思いがある。

同じ100mを専門種目とする大先輩に、この大阪に向けての日々で初めて親しく接した塚原は、己の行く道を啓示されたような衝撃があった。

「やっと、フツーの感じになったよね」

「盛り上がり方とかさ、客席の」

「世界陸上って、こういうもんだ……みたいな」

「そう、こういうのをやりたかったんだよ」

皆で語った。客席の期待と興奮と、選手のパフォーマンスが、すごく大きくていい感じで釣りあっている、こんな大会にしたかったのだ——彼らは、皆。初日からずっと強く願っていた。そのために必死で頑張っていた。だが、果たせていなかった、今夜までは。


眠りについた時間はまちまちだった。一番遅かったのが塚原で3時半くらいまで起きていた。興奮が冷めやらず、入浴剤を入れた風呂《ふろ》で雑誌を読んだり、電話をしたりしながら、40分くらいつかっていた。なので、翌日は寝坊をして、もうなか卯に集合していたメンバーからの電話で起こされた。何かトラブルがあるといけないので、単独行動はなるべくしないようにと言われていて、食事はいつも一緒にとる。ねぼけ眼で遅れて駆けつけると、もう、三人とも食事を終えていて、あまり食欲のない末續が手をつけなかったものなど、皆の食べ残しで、注文せずに一食にしてしまった。スリムな高平もあまりたくさん食べるほうではない。なか卯では、毎回、ざるうどんを主に注文していた。マッチョな塚原も麺類《めんるい》中心の食生活をしていた。試合の日はできるだけ油ものは食べないという選手が多い。

決勝のレースは、夜の10時過ぎなので、午後の時間はゆっくりあった。一度、皆でホテルのまわりを散歩に出た。身体を動かそうということだが、やぶ蚊が多くてすぐに戻ってしまった。昨日、走っているので、コンディションの心配はない。

なか卯と共によく利用したのが、ホテルの向かいにあるスターバックス・コーヒー店だ。部屋に閉じこもっているのがイヤになると、スタバに気分転換に行ったり、コーヒーを買って帰って、短距離の選手たちが溜《たま》り場《ば》にしているトレーナーズ・ルームの一つで飲んだりしていた。そこはゲーム部屋でもあり、選手たちは連絡を取り合って集まって遊んでいた。まともに外出はできないので、暇つぶしやストレス解消の方法は多くはないのだ。

決勝の日の午後も、スタバに行ったり、ゲームをしたりして、リラックスして時間を過ごした。塚原、高平、小島、為末、金丸祐三《かねまるゆうぞう》（４００ｍ）というメンツで、『麻雀格闘《マージャンファイト》倶楽部《クラブ》』という四人打ちができる最新のＰＳＰのゲームをした。末續は同じ部屋で雑誌を読んでいた。末續は大阪に来る前日に『三國無双』の新しいバージョンを買って持ってきていたが、体調を崩してからは、なかなかゲームをする余裕はなかった。ゲーマーではない朝原は、その日も自室でゆっくり過ごしていた。

皆でゲームをする時に、テレビをつけていて世界陸上の番組が放映されているので、ちらちら見ながら、話をすることもあった。自分たちのこれからの試合、これまでの試合みたいな結果にからんだ具体的な話はしなかった。暗黙の了解のようなものがあった。ただ、選手がアップになった時に、「こいつ、動揺してるな」「もう、こいつ揺れてるからダメだな」などとシビアな批評を言い合ったりすることはあった。他の選手の精神状態を見てとるのが役に立つこともある。

5時に競技場へ行く選手バスが出た。朝原、末續、高平、塚原、小島の選手だけで移動した。その日は、4継の決勝の前に、マイルの予選があって、そのメンバーと一緒にスタッフももう出かけていたのだ。移動時間は、30〜40分。環状線を通り、降りて、ちょっと渋滞して、スローテンポでバスは走る。

長居競技場のサブグラウンドでアップを始めたのが7時半。ゼリー飲料などを取りながら、各自のやり方でアップをする。最初は皆でわいわい言いながらやるのだが、だんだん自分のペースになって、iPodやウォークマン（SONYのMP3プレーヤー）

で音楽を聴きながら個々に動くようになる。高平は洋楽、朝原は友達が入れてくれた色々なポップス、末續は大ファンで親交もあるＥＸＩＬＥを聴く。塚原はいつもは洋楽が多いが長居のサブグラウンドでは織田裕二の世界陸上のテーマ曲である『Ａｌｌ ｍｙ ｔｒｅａｓｕｒｅｓ』を聴いていた。

前日走っていて、当日も午後に散歩しているので、ある程度、身体が立ち上がっている。気分も、もう決勝なので盛り上がっていて、そんなにウォーミングアップに時間は必要ないなという感じを朝原は持った。あとは、動きを正確に本番で再現できるように、自分のイメージ通りに動けるようにというアップをすればいい。

きれいに歩くところから始める。トラックを回ったり芝生を歩いたり。ウォーキングで、地面の感覚を確かめたり、自分の身体の疲労度がどんなものかなと探ってみる。音楽を聴きながら、自分の世界にぐーっとこもっていく。それから、いつものジョグはとばして１００ｍを走って、歩いて戻るという直線的なビルドアップをする。ジョグくらいの遅いレベルから、徐々にスピードを上げていく。きれいな加速ができるようにという練習で、ある程度のスピードまで上げる。あとは、ストレッチ、そしてドリル。ここまでが朝原個人のアップだ。

スパイクを履いて、みんなでバトン流しをする。４走を先頭に順番に縦一列に並び、７割くらいの力で走りながら、最後尾の１走からバトンを渡していく練習だ。だいたい

120mくらい、バトンを2往復して、最後はゴールのあたりまで。黙々とやるというより、普通にしゃべりながらの練習になる。他国のチームもそれぞれグラウンドで練習している。

日本より早くから来てウォーミングアップを始めていたイギリス・チームに「How do you do?」と声をかけ、「いや、こんだけ本気になってるイギリスを見たのは久しぶりだな」「やっぱ、アテネ（五輪の4継）で優勝してるから、リレーに賭けてるんだな」と言い合ったり、ちょっとよくわからない練習をしているアメリカ・チームを見て「アメリカ、あんなんじゃ、あいつら（バトンを）落とすよ」とささやいたりした。

バトン流しのあとは、それぞれ時間を決めて、各区間のバトンのパート練習をした。1―2走、3―4走、2―3走。前走者が60～70mくらい走り、バトンパスして次走者は受けてから10mくらい走る。全力で走るが距離が短いので負担は少ない。サブ・メンバーの小島茂之も、このすべての練習を共にこなし、万一、直前でのアクシデントがあった時にも、すぐに交替して走れるように心身を作り上げる。

この1時間ほどの練習が終わり、コール・ルーム（招集所）にゼッケンを受け取りに行く前にサブグラウンドで円陣を組んで気合を入れた。「行くぞ」「オー」みたいな大声で気合を入れ直すのだが、この日は、末續が「じゃ、僕にやらせてください」と言って、

「朝原さんにメダルを！」と気持ちを込めて静かに言った。皆が声をそろえて「オーッ！」と高らかに応えた。

自らも、メダル、メダルと口にしていたし、メンバー同士でも言っていた目標だが、ここでこうして、末續の口から言われ、皆に唱和されると、朝原には嬉しいという以上にこみあげてくる強い深い思いがあった。リレーでは仲間だが、スプリンターとしてはライバルとして戦っている選手たちだ。年齢は違っても、お互いを尊敬しあっている、そのライバルであり仲間である選手たちの熱い思いを彼はがっちりと受け取った。

この時、4継のメンバーは、完璧に一つにまとまり、戦うためのすべての準備が整ったのだった。

8　南サイド・スタンド

「Iくん、入れないの？」

「チケットがもうないんです。当日券が売り切れで」

「えー？　満員？　マジで？」

「満員らしいです」

「ほんとに？　初めてだよね。すごいね。やっぱ、みんな、リレー見にくるんだよね？」

「そうですね。昨日の予選を見て」

「あれだけのレースをやれば、大阪人でも、どっとやってくるか……」

スタジアムの席が埋まらない理由の一つは、この大会のチケットの値段の高さと大阪人の経済感覚との不一致だと私は思っていたが、4継の予選でのパフォーマンスは、その難関を軽く吹き飛ばしたようだった。出張先の博多から新幹線を途中下車して競技場に向かっていた編集のIくんは当日券が入手できなくて気の毒だったが、これはすごいことだと私は感動した。昨日の予選の走り、38秒21の走り、1分に満たないパフォーマンスが、この巨大な長居の観客席をいっぱいにするのだ。スポーツとはそういうものだ。魅《み》せるもの。人をぐっと引き寄せるもの。偉大な瞬間を、ナマで、その目で見たくさせるもの。まだレースは遠い先だが、私はその時点で、すでに興奮してテンションが上がった。

今日の席は、昨日と向かいの南サイド・スタンド。真ん中へんの前から6列目。昨日の1列目よりはグラウンドから遠いが、柵に視野を邪魔されないので、ずっと見やすい。

昨日は、とにかく、高平の走りを見た！　ということに尽きた。3走の走りを見るための特等席のような場所だった。日本は客席に一番近いアウトレーンだったし、まさに目の前を、手を伸ばしたら届きそうなところを、高平慎士がびょんびょんと駆け抜けていったのだ。

もう、本当にアッという間に、3走までバトンが来てしまった。4継がアッという間に終わってしまう競技だということは重々承知しているけど、それにしても「ちょっと、まだ、私、何も見れてないし、何がなんだかわかってないー」という状態で、もう目の前を高平が跳ぶように走っていた。ものすごい速かった。そのスピード感を味わえただけでも幸せというくらい速く感じた。あの日本人離れした長い足が、大きなストライドをびゅんびゅん伸ばして、カーブをきれいにまわっていく。その瞬間、瞬間の美しさ、スリル。「リレーを走ると、彼、雰囲気あるでしょ」と末續が誉《ほ》めていたのだが。

私は、高平慎士の高校時代の走りをナマで見たことがある。高平が3年の時の茨城インターハイを観戦に行った。残念ながら、優勝した200mの日ではなく、5位に終わった100m決勝だったが、長距離選手のようなスレンダーな身体つきと、額から後ろにまとまってなびくストレートの髪がとても印象的だった。

朝原にバトンが渡ると、もう順位のことしか考えられなかった。3着に入ったとわかって、立ち上がってわあわあ叫んで踊って……。アジア記録とわかって、また騒いで。

この目で何を見たのだろうと考えると、すみませんと頭を下げるしかないくらい、断片的な印象しかない。書きたいことは、あまりにも当り前の言葉しかない。

速い……！

小説の取材で高校生の4継は何度も見たが、世界大会のレベルをナマで観戦するのは初めてだ。ここまでスピードが違うとは驚いた。走りとバトンパスの高速！　たぶん、見る位置や状況で感じるものも変わってくるのだろう。１００ｍの準決勝、決勝も観戦したが（メインスタンドのゴール手前の極上席）、9秒台のスピードをこの目でしかと……と意気込んで見たわりに、確かな感覚は得られなかった。むしろ、勝負をただ目で追ってしまった。そして、準決勝では朝原を、決勝ではパウエルを見て、終盤での失速のほうに目を奪われてしまったのだ。スーッと力がなくなるような、あのショッキングな減速に。

今日は、もう少し、しっかり見ようと反省して気構えつつ、8日目の競技を楽しんだ。女子のマイル・リレー予選、2組目6着で決勝進出はならなかったが、四人しっかり走って、日本新記録3分30秒17は、とても素敵だった。午前の部で、女子4継予選で日本がバトンミスで失格になっていたので、きちんと結果が残せて良かったとつくづく思った。

残念……というより、不安をかきたてられたのが、男子マイルの予選だった。故障でベスト・メンバーが組めなかった不運もあるが、3年前のアテネ五輪で同じ4位でも、4継よりずっと3位に近い、メダルに近い健闘を見せていた種目だけに、予選敗退は沈痛な思いがあった。2組目4着。3着にタイム順のプラス2チームで、タイムではじかれた。

こうして、1日のうちに見ると、同じ種目で、同じ予選敗退でも、どのくらい実力が出せるか、期待に応えられるかで、天地ほど印象が変わってしまうところが、当り前だがシビアなものだ。

男子マイルの流れが4継に影響しなければいい、とついつい思ってしまう。連鎖反応のように次々と倒れていった個人種目のことが見る側にもトラウマになっている。男子4継は、今回の日本の四つのリレー・チームの中で、間違いなく、一番力があり、一番期待されている。昨日、素晴らしい結果を出し、この満員のスタジアムを演出した。選手たちは、どんな気持ちでいるのだろうと思う。期待の大きさにつぶれないでほしいと祈るしかない。

そんな小さな不安を抱えて見ているうちに、十種競技が終了する。女子の七種競技が終わったところを26日に見ていて、全選手が皆で抱き合うようにして、優勝者を囲んでウィニング・ランをした美しい光景に心から感動したものだが、やはり、男子の十種も同じ素晴らしいエンディングを見せてくれた。

十種は、投擲、跳躍、短距離、中距離と十の異なる競技をこなし、全種目のポイントで勝者を決めるハードな戦いで、チャンピオンは、キング・オブ・アスリートと呼ばれる。選手たちは、激しく競いながらも、互いに深い尊敬と友愛を抱いていることをグラウンドではっきりと表現する。ライバルのパフォーマンスに大きな拍手や笑顔を見せることがあり、見慣れないと不思議な気持ちがするものだが、チャンピオンを皆で心から祝福して健闘を称え合うラストには、いつも感動させられる。19位だった日本の田中宏《たなかひろ》昌《まさ》選手も、本当に素晴らしい表情で競技場を挨拶にまわっていた。

戦い終えた各国の十種の選手たちを見ていると、このトラック&フィールドで戦うことの意味を、改めて教えられるような気がする。ベストを尽くすということだ。ライバルに勝たなければならない。だが、その前に、まず、自分自身の頂点を目指さなければいけない。その孤独な戦いがハードであればあるほど、選手同士が共有するものも大きいのだろう。

私たちは、ただ見て、声援を送るだけだが、それでも、十種の選手たちにもらった感動をずっと忘れずにいると、いい観客になれそうな気がする。声援や拍手の一つひとつに心をこめて、いいエネルギーを送れそうな気がしてくる。

いよいよ、女子の4×100mリレー決勝。その次が男子だ。アメリカとジャマイカの一騎打ち。アメリカ有利かと思いきや、ジャマイカのアンカー、100mチャンピオンのベロニカ・キャンベルのものすごい追い上げがあった。結局届かずに、そのまま、アメリカ、ジャマイカの順位でフィニッシュしたが、迫力のあるレースだった。男子も、順当に行けば、アメリカ、ジャマイカのトップ争いだろう。ただ、4継は何があるかわからない。日本が狙うのは、3位だろうが、1位から8位までの可能性があるのだ——決勝を走る以上は。

スタジアムは、不思議な熱気をはらんでいた。満員の観衆が日本チームを応援する雰囲気は、サッカーの観戦で知っている。でも、それとは、どこか違う。ズレた意見かもしれないが、この4継という競技は、やはり、学校の運動会の延長線上にあるのかもしれない。あの赤白のJAPANのウェアを着ているのは、まぎれもなくトップ4のスプリンター、我が国の代表選手なのだが、同時に、我が家の俊足の次男であったり、運動会の日だけは自慢の兄貴であったり、ひそかにあこがれているクラスの○○くんであったりするのかもしれない。我々は、幼い時から、なぜか、単純に足の速い子にあこがれ、その子たちが活躍するリレーをめいっぱいの声で応援しつづけてきた。そんなそれぞれの個人史を持つ、五万人の観客が、古い幼いシンプルな夢を託している。

がんばれ！

みんな、速く走れ！

昨日みたいに、すごいヤツを見せてくれ！

めいっぱいワクワクさせてくれよ！

男子4×100mリレーの選手たちがトラックに姿を現すと、まず、末續の姿を見つけてほっとする。昨日、走り終わった後、座り込んだまま、しばらく動けない様子を本当に間近で見ていただけに、今日、姿が見えた段階で「あ、よかった、走れるんだ！」と胸をなでおろした。レース後のテレビのインタビューは見ていなかったので、力を使い果たしたように座っていた残像ばかりが頭にあって実際にトラックに現れるまでは心配だった。昨日は、走り終えた末續がよく見える席。今日は、走る前の彼がよく見える席だ。そして、1走の塚原も。

末續の様子は、物静かで重々しい感じがした。闘志をたぎらせているというふうではなく、憂鬱《ゆううつ》そうに見えるくらい静かなオーラが取り巻いている。いつもの彼とは少し違うような気がした。別世界にいるように、紗《しゃ》に包まれているように見える。その中で目だけが、はっきりと強い光を放っている。「やるべきことをやりにきた」という強い決意のようなものが感じられる。

歩測しているのを一緒に数えた。26足と見えた。チェックマークを貼る。それから、彼はダッシュをせずに、歩いて、そのまま観客席のほうまで、ゆっくり近づいていく。何かを取りに行ったのか、誰かと話しに行ったのかと思ったが、目的になるような人も物もなくて、フェンスぎりぎりまで近づくと、まわれ右して戻ってくる。そして、また、同じように歩く。何をしているのか、よくわからない。私はあまり見たことのない光景で、興味を引かれた。集中していることだけはわかる。

塚原は、対照的に、元気なオーラだった。はちきれそうだ。内なるエネルギーが外にあふれ出てくるのを、自らせき止めて、止め切れずにいるかのようだ。

レーンナンバーの8が書かれたコースの標識に腰掛けて、目を閉じる。ぐーっと集中しているのがわかる。それから、ふうっと息を吐き出して緩める、リラックス。しばらくして立ち上がると、スタンドを見上げて挨拶でもするようなアクションをする。肩の力を抜く動作をする。目を閉じて外界を遮断して内側にぎゅーっと意識を絞りこんで集中する、ふわっとゆるめて解放する、目を開けて外を眺め、さらに気持ちを解放して大きくリラックスする。そんなふうに、集中とリラックスを交互に繰り返しているようだ。過度の緊張も興奮も見られなかった。自分のやることをわかっているという印象を受けた。世界大会初出場の22歳。年齢相応のはちきれんばかりの若いエネルギーと、年齢に不似合いな老練な落ちつきを両方感じさせる。やはり、彼は、陸上エリートとして、若いなりに数々の修羅場をくぐっているのだと思った。

塚原がダッシュして、そのまま末續のところまで行き、二人は軽く拳《こぶし》と拳を合わせた。どちらも、力を入れない静かな動作だ。ドライな挙動だ。ほとんど目は合わせない。熱く魂を通わせるというふうではない。

そんな次元の戦いではないのだと思った。また、そのドライな双方の動作を見て、それだけ、つながりが密なのだと逆に感じた。チームとしてできることは、既にし尽くしている。あとは、それぞれがいかに走るか、いかにバトンをつなぐかだという、冷酷なまでの個々の決意を感じた。

末續は、ブルーラインに立って、斜めにコースを振り返る。バトンパスのイメージをしているようだ。しばらくして、また同じ動作を見せる。

私の席から見ていると、曲線の初めの100mが、やけに短く感じる。スターティング・ブロックから、1―2走のバトンゾーンまでが、塚原の仕事の領域。ブルーラインから、バックストレートの向こうの2―3走のバトンゾーンまでが末續の仕事の領域

――物理的に走る場所はそうだが、もしかすると、塚原がチェックマークを越えてからというより、ブロックからスタートした瞬間に、もう末續の仕事は始まっているのかもしれない。塚原と同時に、末續も号砲でスタートを切るのかもしれない、気持ちの上では――そんなことを考えた。

バトンを受ける人の〝受ける〟という仕事を、走る前から、極めてリアルに意識したのだった。

試合開始のほら貝が響く。

決勝の8チームが、インコースから順番に紹介されていく。一番インの1レーンは使わないので、2レーンから9レーンまで。2レーンがナイジェリア、3レーンがポーランド、4レーンがアメリカ、5レーンがジャマイカ、6レーンがブラジル、7レーンがイギリス、8レーンが日本、9レーンがドイツ。紹介されていく各国、各ポジションについている選手たち、そのきらびやかさに、改めて、決勝というレースの重みと輝きを感じる。日本がそこにいることの幸せを感じ、予選3位通過のチームであることの誇りを感じる。

ＪＡＰＡＮの紹介で、場内のボルテージがぐわーっと上がった。昨日もすごいと思ったが、そんなものじゃない。すごい、すごい。血が沸騰してくる。その盛り上がりが、

「On your mark」の声ですっと静まっていく。レース前のこの静寂の瞬間が大好きだが、1走の選手たちがブロックについて、「set」の声がかかった時には、身体中が固まる気がした。

完璧な静寂。

しっかり見ていようと思うのだが、頭が白く乾いていくような緊張感。この場で走る人たちはスゴイと思わずにいられない。息も出来ない。

号砲。

塚原がスタート。いいスタートだと見えた。アウトレーンなので、わきめもふらず、ぐいぐいという感じで突進する。速い。すごく速い。

末續は塚原を見ている。凝視している。

塚原の実際の走りと、末續の中で測られている塚原の走りと、二重にダブッて感じられる。ナマで、この位置で見るからこその不思議な感覚。

末續がスタート。

こんなに思いきり出るのかと、ぎょっとする。こんなに力いっぱい出て、こんなにめいっぱい加速するのかと。ここまで速いのかと。すごいダッシュだ。あっという間に背中が遠ざかる。何かをもらうことなど考えていないような、まるで、すべてを忘れて振り切るように逃げていくようにすら見える。こんなのに追いつけるのかと真剣に驚いた。

でも、バトンは確実にきれいに渡る。

アンダーのバトンは、本当に握手するように渡すのだと初めて〝見えた〟気がした。ものすごいスピードの中で。

まともに見られたのは、ここまで。

あとは、順位もバトンも速さも何ひとつわからなかった。レースは、私からぐいぐいと遠ざかり、また、最後に戻ってくるのだが、「あ、行ってしまった！」という強烈な喪失感があった。

2着までのチームはわかった。3着以降がまったく見えなかった。私の位置からだと、斜めになるのか、どう変な見え方をしたのか、アンカーの朝原は3番目にゴールに入ったように映ったのだ。思わず立ち上がって叫んでしまった。レースを目で追わずに電光掲示板を見ていれば、そんな間違いはしない。恥ずかしい。でも、やはり、その場にいると、よく見えなくても、生身の選手たちを見たいものだ。どうだろう？　人によって違うと思うが。

以前、横浜国際総合競技場（現日産スタジアム）で、サッカーW杯の決勝戦を見た時、メインスタンドの端、前から4列目、ドイツのGKのカーンに声をかけられそうな近さの席だったが、ピッチが斜めにつぶれたような視野で死角が多く、ボールも選手の動きもよく見えなかった。私の隣のブラジル人は、ずっとモニターを見ていた。あくまでピッチを見ていた私の視線とクロスすることになり、ものすごく邪魔だった（お隣さんも邪魔だっただろう）。

失格になったチームがあったので、なかなか電光掲示板に結果が表示されなかった。各国の選手たちは、皆、スタート位置に戻ってきていた。アメリカとイギリスの選手たちが大きな国旗を背負っているので、メダルなのだなとわかる。アメリカの1着とジャマイカの2着は見えたので、これでメダルが取れなかったのだなと知った。そんなふうに知ったのだ。少数派だと思う（いや、他にいるだろうか……）。

ようやく、電光掲示板に、順位とタイムが並ぶ。

5位——そうなの？　まだ納得できない。

しかし、38秒03のタイムで、すべてを忘れた。アジア記録、再度の更新。しかも、0秒18も縮めた。これは、すごいタイムだ。そのくらいの知識はある。これはすごい！

そして。このすごいタイムよりも、さらにすごいと感じたのは、昨日の新記録から、翌日にこれだけの〝上昇〟をしたチームのパフォーマンスだ。陸上競技は、そんなにぽんぽんと新記録が飛び出すものではない。実際、昨日の新記録までに7年かかっているのだ。素晴らしいレースをした昨日を、今日は軽く超えた。プレッシャーはなかったのだろうか。ここまでJAPANにのしかかっていた重しは感じなかったのだろうか。この大会で、日本人選手がなかなか見せられなかった、攻める姿勢、自分で自分を超えるという姿勢を強烈に見せてもらった。深く感動する。深く感謝する。

これは、万人に勇気を与えることだ。

こういうことに出会いたくて、我々はスポーツを見るのだと思う。メダルより、タイムより、何より、熱いチャレンジが見たいのだ。そのぎりぎりのパフォーマンスが。前に向かう心と肉体が。

四人が四人ともベストを尽くさないと、世界大会でのリレーの結果は出ない。そんなむずかしい、奇跡のようなレースを2日続けて見せてもらった。

9　決　勝

ブロックをセットし、ダッシュをしながら、スタートを待つ時間。その瞬間、瞬間、塚原直貴の気持ちは切り替わる。微妙に揺れ動く。スタート直前の気持ちは一定ではない。時間の流れに沿って、上がったり下がったり、常に針が振れている状態。ある時は、すごく落ちついて安定した気持ちになったりするが、一瞬、どこかで、ふっと影がよぎることがある。不安、と呼ぶのだろうが、何が不安なのかと聞かれても答えようのないものだ。そんな影がかすめると、緊張がやってくる。そういう時は、ふーっと気持ちを落ちつけて、目を閉じてみる。あるいはスタンドに目をやって気持ちをそらし、観客の声を耳にしてこわばった気持ちをほぐす。深呼吸してふーっと吐いて、心身を緩める。首を左右に曲げる。

意識的に何かをしようというより、身体の要求に細かく対応する感じだ。要求は多い。いちいち対応するのも疲れるが、心の均衡を保つことは、100m走るスタート前には、本当に大切だ。

気持ちのノリが違った。昨日、自分のテンションが低かったとは思わないが、今日になると、こみあげてくるもの、湧《わ》き上がってくるもの、エネルギー、力、興奮の絶対量が違った。その膨大なエネルギーの中で、精神が極限まできりきりと研ぎ澄まされてくるのがわかる。自分の中のあるゆる感覚が鋭く尖《とが》り、その一瞬を逃さずに巨大な爆発をしようと待ち構えている。

2走の末續慎吾は、スタート前にあまりダッシュの練習をしない珍しい選手だ。〝もったいない〟のだ、走ってしまうのが。トラックに出てから、スタートダッシュの練習をすると、ああ、やっちゃった、ああ、もったいね……と感じる。わずか数メートルでも走るのがもったいない。レースに備えて貯えてきた大事なエネルギーをほんの少しでも使ってしまうのがイヤだ。彼は、それほどまでに、力を貯めて貯めて、本番の1本のレースにすべてを注ぎ込んで、すべてを出し尽くして、走りきる。

だから、歩く。感触だけでも調べようと歩く。地面の感覚をつかむ。そして、気持ちを落ちつかせる。コーナーからバックストレートのほうにゆっくりと歩いていく。スタンドの近くまで来て、ハッとする。ここまで来ちゃったのか。一度戻って、また歩く。

それでも、気持ちは十分に落ちついていたのだ。バックスタンドにいる友達がよく見えた。イチかバチか走ってみなければわからなかった昨日に比べて、はるかに心身の状態がいい。ウォーミングアップの時にダッシュのキレが甘くて少し憂鬱になったが、そこは元気の出るEXILEの曲をたくさん聴いてテンションを上げてきた。

スタジアムの雰囲気には本当に驚いた。日本で、こんな光景は見たことがない。こんな雰囲気を味わったのは初めてだった。

いつも、日本で試合をする時、末續は観客席からのピリピリするような〝期待〟を感じる。今日こそは、9秒台を、19秒台を、というタイムへの期待。スプリントのエースへの圧倒的な勝利への期待。そういう張り詰めた期待の空気が、今日は感じられなかったのだ。当然、メダルへの期待は高いはずだ。それを目当てに来たという観客も多いはずだ。でも、何かが違っていた。スタジアムに入った瞬間に、大きく盛り上がる声援の中に、いつもとは違う、ふわっと柔らかくて自然に背中を押してくれるような〝ホーム〟の雰囲気を濃厚に感じた。包みこむように、守るように、支えるように熱い力を湧き出してくるスタンド。

応援——純度100%の応援だ。

みんな、〝一緒にやるぞ〟という感じだった。

みんなも走りたいんじゃないの？　と末續は思った。

嬉しかった。こんな気持ちになったことはなかった。

自分たち選手が、観客を感動させたいと思っていた。感動させなきゃいけないと使命感に燃えていた。なのに、今、自分のほうが、猛烈に観客に感動させられている。俺は何か勘違いしてたんじゃないかと思った。ここで走る意味を。この舞台の本当の価値を。

3走の高平慎士も落ちついていた。3年前のアテネ五輪の4継決勝の時は、スタンドに応援にきていた家族と目が合った（と後から聞かされた）のにわからなかったくらい緊張していた。今日は、競技場に入った時「あ、あそこにカメラがある」と思うほどの余裕があった。観客席の知った顔も全部わかった。いつも一緒に練習している順天堂大学の後輩たちが「高平さーん」と叫ぶのも聞き分けられた。タカヒラ、タカヒラとたくさんの声援が飛ぶのだ。真剣に応援している声と、酔っぱらって調子よく叫んでいる声と、人が言うから乗っかって騒いでいる声と、色々あるなと分析する。そういうことが好きだし、それだけ冷静なのだが、ま、全部まとめて〝身内〟ってことでいいかと思った。みんな、自分の知り合いのように、心から応援してくれている「タカヒラ」という声なのだと。

昨日の予選の時は、ひたすら集中、集中と努めていたので、そんなにまわりを見聞きする余裕はなかった。今日は、なんだか、もう、その場にいることが、わくわくするような楽しさ、嬉しさで、不思議なくらい落ちついていた。アテネ五輪、ヘルシンキ世界陸上と、リレーの決勝の場には臨んでいて、そこでしか味わえない特別の雰囲気があるのは知っている。その時間をとことん大切にしたいと思っていた。

でも、こんなに観客席のすべてが熱く応援してくれている、世界大会の決勝の場は初めてだ。みんな、みんな、身内なんだ、みんな、こんなに応援してくれている。想像をはるかに超える、本当に貴重な時間だった。

足長は予選と同じ28足。チェックマークを貼ってから、ブルーラインに立って後方を振り向きイメージして、1本ダッシュした。ここに立たなくても、バックストレートを見なくても、イメージはできる。いつでも、どこでも、できる。

どこの国の開催でも、世界大会のリレーの決勝の雰囲気はすごいものがある。スタンドを埋める満員の観客のフルパワーがトラックの選手たちに、ずっしりとのしかかってくる。その重量感は半端ではない。そうした世界大会のリレーの決勝の場をこれまで5回踏んでいる大ベテランが、一瞬ひるんだ。4走の朝原宣治は、トラックに立った時、スタンドの猛烈な熱気に、「なんか負けそうだ」と感じた。身体が浮いてしまいそうな気がした。これは、まともに受けてしまうと、まずい。このパワーに素直に乗って「あぁ、気持ちいいな」と思うのではなく、集中して全部シャットアウトしないと、浮き足立ったまま行ってしまう。絶対に走れない。

他の選手たちが、そのおおらかな落ちつきをうらやましがるほど、いつもどっしり構えている朝原は、100mランナーには珍しいテンションの低いタイプだと自認している。レース前には、そのテンションを自分でせっせと上げていく努力をしている。今日は、そんな必要はなかった。とんでもなかった。むしろ、抑えよう、抑えようと必死になった。ブレーキをかけないと、とめどもなく興奮していく未知の自分を強烈に感じていた。

9月1日。22時19分。
天候曇り。気温29℃、湿度61％。

2レーン、ナイジェリア
3レーン、ポーランド
4レーン、アメリカ
5レーン、ジャマイカ
6レーン、ブラジル
7レーン、イギリス
8レーン、日本
9レーン、ドイツ

号砲。

塚原直貴がスタートを切った。

一番に飛び出した。

リアクション・タイムは、0・128。0・1以下だとフライングなので、これ以上はないという、ぎりぎりの反応だ。

このリアクション・タイムは、一般に思われているほどスプリントの走りを左右するものではない。自分自身のタイミングで、自分自身のフォームで、走るのに必要な最初の数歩（3歩とよく言われる）を、いかにしっかり接地できるか、のほうが重要なのだ。とはいうものの、どちらかというとスタートが得意なタイプではなかった塚原が、世界トップ8の1走の中で一番に飛び出した、その神経の鋭さ、思いきりのよさは、快挙だ。一つ外側の9レーンにドイツがいたが、日本は8レーンで予選と同じくアウトレーンだったのは良かった。客席に近く、レースの先を走るアウトレーンは、満員の観客の割れんばかりの声援を身近に引き連れて波に乗ってガンガン進んでいく。昨日の予選で「また一本自信をつけた」と解説席にいた伊東浩司が評した塚原の走り。自身の好調の波と、スタジアムの応援の波をシンクロさせてMAXに盛り上げ、パワフルに走り抜いた。100m通過時、全体の3番目、10秒43*（日本陸連測定）。

1走の役目の〃流れ作り〃を塚原は、こう説明する。

「（MAXを100として）70、80で行ってしまえば、つなぎ、つなぎ（バトンパスで次走者に）で、落ちていくこともあれば、アンカーに70、80で渡すこともできる。でも、例えば、僕が90とかそこらへんで持っていったら、最後に100まで上げられるかもしれない」

個人種目のスプリントでトップスピード*をどこまで上げられるかは重要だが、四人でつなぐリレーでも同じ考え方をする。1走が勢いのあるいい走りをしないと、リレーのレース全体（400mの走り）がトップスピードに乗れないのだ。1―2走で上げたトップスピードを3走が維持する、絶対に落とさないようにして4走が最後の勝負をする、アンカーには大砲がいるから——末續は日本の4継チームの強さをそう説明する。

勢いという言葉は、やや漠然としていてメンタルな響きもあるが、4継のつなぎの話としては、物理的な速さの問題になる。1走が速くないと2走以降に確実に影響する。自分の受け持ちの100mは、全体の400mの流れの中での役割を背負っている。日本はそういうチームだ(対照的に、アメリカは、それぞれの走者が受け持ちの100mを勝手に速く走り、バトンはただ渡すだけ、というチームだが、走力がずば抜けているので、よほどのミスをしない限り優勝できる)。

個々の100mの走りと3回のバトンパス。確実に、なめらかに、MAXに……。日本のバトンは、ただつなぐだけでなく、前後の走者をより速く走らせることができる創造的なパスだ。

塚原は、末續がスタートを切った時、走りながら鳥肌がたった。末續がパーッと出た時、ウオーッと脳天がしびれるように思った。それほどにジャストのタイミングだった。末續がきれいに加速しながら渡ったバトンは、塚原にとって、これまでの競技人生で最高のバトンパスだった。

ハマッた！

「そこまで貯めてきたものを末續さんに受け渡して、全部、僕のすべてをボーンと出して……」

それは、渡るタイミングが一瞬しかない、ピンポイントの高速バトンでの体感。極限の状態でしか得られないもの。その感動を得るためにやっているかもしれないもの。もう一度味わいたいと塚原が切望するようになったもの。

赤いバトンを渡した、その右手を思いきり、天に向けて突き上げた。そして絶叫する。

2走のポジションで待っている時、1走がスタートを切ると……。

「気押されるんですよ、ちょっとやっぱり。例えて言えば、原付バイクが全速力でブーンと走ってくるのを、こう構えて待っているみたいなんで恐いんですよ」

と末續は言う。

「んなもんで、アクションしていないと、精神状態がやりにくいですね」

塚原が「鳥肌がたった」というスタートを切り、塚原が「人生最高」と言ったバトンを受ける。

「僕はもらい手なんで、あいつがそう感じてくれれば、それで……。確かにハマッたかも」

塚原の咆哮《ほうこう》を背で聞く。満員の観衆の大声援の中で。

「あいつ叫ぶから、うるさいんですよ。後ろでギャーッとかって。ハイの合図の声も、もう耳もとで言われている感じがします。まあ、タイミングはあらかた予想がついているんで。このへんで言われないとまずい、このへんで言われるだろうな、ってのはありますけど」

バトンは基本的に渡し手に合わせる。渡し手がやりやすいようにする。その上で自分が加速しやすいようにもらう。かなり塚原を最後まで引っ張っていけたし、自分もいい加速ができた。ガクガクしなかった。なめらかだった。

走っている時の記憶はあまりない。前日のような頭に突き抜ける痛みもないし、不安もない。結果がいい時ほど記憶が少ないという選手は多いが、日本のエース末續もやはりそうだ。

ただ、一つの身体感覚だけ覚えている。

「グーでした」

拳を丸めてジャンケンのグーを作る。

「こんなふう。悪い時は色んなとこがバラバラの走りになるけど、あの時は全部、丸くまとまる感じで、身体の中で、ぐっと握るみたいに、全部……」

末續当人にしかわからない感覚かもしれない。ただ、いい感じで強靭《きょうじん》な推進力が得られるイメージはわかる。パンチが効いた……まさに〝グー〟。

二度のバトンも、記憶がある。引っ張って受けられたし、引っ張られて渡せた。どちらもジャストだった。区間のタイムは、*9秒08。全体の2番目で、1番がジャマイカのボルト（200m2位）の*9秒05で、3番がアメリカのスピアモン（200m3位）の*9秒22。バトンのタイミングなどで、100mをどこで計るかという問題があり絶対的な速さのデータではないが、末續が世界トップレベルの走りをしたことだけは間違いない。高平につなぐと、拳を握って両手で低く力いっぱいガッツポーズをして送り出した。ガッツポーズは覚えていない。腹から出していたという〝魂の雄叫《おたけ》び〟の記憶だけ。

「意外と、あれ、気合が入るんですね、もらい手も」

1走が原付バイクのように走ってきて恐いと2走の末續は言ったが、3走の高平は、野球を出来ない人がキャッチャーをやらされて150キロのボールを受けるようだと例えた。末續が迫ってくるのが、とにかく恐い。初めて、代表で4継の練習を始めた頃は、なんで、ここで待ってなきゃいけないの？ どうにかして逃げたいと思ったものだ。事実、逃げるつもりでやっていた。バトンをもらう時、逃げるつもりでスタートし、追いつかれて受け取るという感じだった。

2走は直線を走る。3走はそれを見ながらスタートを切るわけだが、直線というのは距離感がつかみづらい。だんだん近づいてくるという感覚が計りにくい。〝迫ってくる感〟が一番強いのは、3走かもしれないと、末續も言っていた。

練習ではすぐに目が慣れたが、本番の世界大会では、末續が彼より速い選手たちと一緒にコーナーの入口にわーっと直線から集団でなだれこんでくる。それは練習では絶対に体験できないことで、高平は、アテネ五輪では本当に緊張した。そのアテネ五輪、ヘルシンキ世界陸上、アテネ・ワールドカップ、ドーハ・アジア大会など場数を踏むことで、大阪大会では、そうした緊張や不安とは縁が切れたが、今日は一つだけ心配要素があった。昨日より格段にパワーアップしたこのすさまじい大声援の中で、はたして、末續からの「ハイ」の合図が聞こえるだろうか？

高平は、前走者がチェックマークを越えてからスタートを切るタイプだ。絶対に早出をなくそうという順天堂大学陸上部の方針でそうなった。末續の調子は、おそらく昨日よりいいと思われた。走れるのかな？　という不安はなかった。完全に復調したかどうかはわからない。でも、高平にはクールな割り切り方が出来ていた。〝どうにかなる〟か〝どうにもならない〟かのどっちかだと。そして、末續の走りが〝どうにもならない〟のだったら、絶対に予選は通っていないと。この場で走る以上は、〝どうにかなる〟選手だと絶対的に信頼している。

初めは、末續の顔だけを見ている。彼がマークに近づいてきたら、足元を見る。上から下へと、だんだん視線が移動する。マークを越えたと見極めてスタートする。ほとんどトップで来ていた。それは高平には予想できたことだった。前のほうで来るだろうなと想像していた。本当に来た！「これは来たな！」と思った。

「ハイ」の声は聞こえた。あれだけ練習や試合でやっていたら、「さすがに末續さんの声はわかる」。声に反応してバトンを受ける手を伸ばす。一番の心配要素はクリアしたが、もう一つ気をつけることがある。受け渡しの時、末續はレーンの外側を来る。末續が左手で持ったバトンを高平は右手で受けるのだが、その後レーンの中を内側に入っていかなければいけない。もし、最初の一歩を外よりに踏み出したら、末續とぶつかって地獄を見ることになる。外なら地獄。内なら天国。天国か地獄か。その一歩には細心の注意を払う。足一つの距離でこんなにも……というスピードでバトンゾーンを通過していくのだ。

一歩——良かった——天国に踏み込んだ。

予選の時より、ずっと引っ張ってバトンを受けた。いい加速ができる。それでも、走りながら高平は思った。

「なんとかして、俺、もっと足速くなんねえかな！」

今、ここで、長居のトラックを、3走のカーブを走りながらの気持ち。切実な気持ち。アメリカのゲイを始めとして、とんでもない化け物スプリンターばかりに囲まれて走りながらの気持ち。段差スタートでも、3走のカーブの途中から、4走とのバトンの前あたりで、もうアウトレーンの先行距離などなくなってくる。もう、肉弾戦だ。身体が触れ合わないだけで、いや、一つ間違ったら隣のレーンから肘打ちくらい食らう。200 1年に3走藤本がコートジボワールの選手にされたように。

フライングの心配があるので、1走のスタートはちゃんと見る。それからは、見たり見なかったり。ずっとレースを目で追っていると、意識がそっちに行って観客のようになってしまう。自分が走るというモードにきちんと入れておかないといけない。見ていても、意識はレース展開を追っていない。何番で渡ったとか速いとか、そういう感想は持たず、ただ映像として、走者が来ているということだけが視界にある。見失うことはない。

4走朝原は、2走末續がバックストレートを半分走るくらいまでは、立って、ちらっとレースを見たり、身体を動かしたりしている。3走高平に渡ったら、もうすぐに来る。レースをじーっと見ていても、来るぞ、来るぞと思っていても、身体が固まってしまう。これから走るホームストレート、自分の仕事に意識を集中し、自分の世界にこもりながら、必要最小限のデータだけを視覚でキャッチしていく。

この決勝のレースは、特に、アウトレーンを前のほうで走る日本がつないでいくに連れて、観客の声援もごうごうと加速していく。その盛り上がりに気持ちをとられたら、身体が浮いてしまう。気持ちを抑えて。身体をほぐして。心身ともに固まらないように。

じーっとしていることが長い状態からスタートすることを朝原は嫌った。高平が迫ってくるのをカメラとしての目で追いながら、身体はリズムを取りながら、高平がマークを越えたら、遅れないようにバッと出る。リズムをとる。

足長は、予選の26から2足詰めて24足にした。予選の時に朝原が立ち位置を変えたことで既に1足詰めたことになるので、サブトラックでの練習は25足でやった。それで、どうせなら、もう1足詰めて「ガツンと出てください」ということになった。ランナーたちがかぶってくる3—4走のバトンパスは、過去の痛い経験も踏まえて余裕を持たせた足長のほうがいいという判断だ。

予選の時、朝原は高平の「ハイ」の声が聞こえなかった。合宿でも、高平が声を出さないのに朝原がバトンを受けるために手を上げることがあった。でも、距離が合っていたので、「ハイ」なんかいらないのかなと高平は思ったくらいだ。

まるでオープンレーンのマイルのような、各国がせめぎあうようなバトンパス。100m金メダリストのタイソン・ゲイのすさまじい走りで4レーンのアメリカが既に抜け出していた。5レーンのジャマイカはアメリカより後方だが、早めにアンカーの100m世界記録保持者パウエルにつないでいく。最終コーナーに差しかかり、まわりながらのバトン。8レーン日本、7レーンイギリス、6レーンブラジルが僅差。トップのアメリカが少し抜けているだけで、ここで上位5チームの差はあまりない。2レーンナイジエリア、3レーンポーランドはずっと後方だ。

受け渡しの時、一度、バトンをスカした。高平の差し出したバトンが朝原の手をかすめてそれた。「入らんかった」「ヤバイ」と高平は思った。朝原の差し出した手がバトンを捜し、二度目にすっとつかむ。わずかなタイム・ロス。そのために走者の足が鈍ることはなく、高速でバトンゾーンを通過し、朝原は加速する。

ホームストレートで横並びになった時は、5番手だった。朝原は中盤から猛烈に追い上げて、イギリス、ブラジルに迫る。ジャマイカのパウエルは信じられないような爆発的なスタートからの加速を見せて、ぐいぐいとトップに迫り、最後にイギリスを0・01秒差で抜き去った。

アメリカ、ジャマイカ、イギリス、ブラジル、日本、の着順。日本は5位。6位のドイツにはかなりの差をつけ、残る2チームは失格になった。5位まで（特に2位から5位）は、接戦だった。

高平の100mのタイムは*9秒35で全体の3番目、朝原が*9秒16で全体の4番目、参考データとしての非公式のタイムになるが、日本はどの区間でも走り負けてはいない。バトンで一瞬ひやっとして、その後、朝原は、隣のレーンも見えない状態で走っていた。自分が何番目なのか把握していなかった。ただ、3番以内ではないことだけはわかっていた。

3年前のアテネ五輪の時は、4位。順位を一つ下げたが、アテネの時より、前との差は小さい。それでも、朝原には「届く」という意識はなかった。3位の選手までまだ「遠かった」。

失格のチームが出たことで審判が協議したため、結果が電光掲示板に表示されるのが遅れた。テレビの前やスタンドの観客のほうが先に、前日をはるかに上回る日本新記録のことを知った。

ゴールを駆け抜けた朝原は、バトンを振ってスタンドに挨拶すると、家族を目で探した。はっきりわかる笑顔ではない。でも、これまでの長い競技人生の奥深さを思わせるような、しみじみとした眼差しになっていた。

一番に思ったのは、メダルが取れなかったなあ……ということ。やったーっというよりは、ちょっと残念、悔しいと思いながらも、大きなレースが終わった後の余韻を楽しんでいた。どのくらいのタイムで走ったかなどは、まったくわからなかった。着順がもう少し上なら思ったかもしれないが、3位に届かなかったので考えはしなかった。

末續は、予選終了時と同じようにトラックに座り込んでいた。息をはずませながら、白い歯を見せて時折笑っていた。昨日とは打って変わった明るい表情だった。

最初は、37秒台、行ったかと思った。行っちゃったかなーみたいに思っていた。彼にはタイムの感覚があったのだ。電光掲示板でレースの行方を追いながら、結果を見届けた時、着順のことは頭になかった。いいレースをしたのはわかった。全員のパフォーマンスの高さがわかっていた。1位との距離がそれほどないのも見てとった。それで、まず、思った。

「勝てねえか……」

38秒03のアジア新記録は、前2回の世界大会のアテネ五輪、ヘルシンキ世界選手権なら、金メダルに相当する、すごいタイムだ。新記録を知った時、四人が感じたことは、ほとんど一緒だ。このタイムでメダルがとれないのか！

優勝したアメリカの37秒78は今季世界最高記録。2位のジャマイカの37秒89はナショナル・レコード。3位イギリスの37秒90と4位ブラジルの37秒99は共にシーズン・ベスト。37秒台でメダルを逃すことなどめったにない。長居の高速トラックや風など好条件の後押しもあっただろうが、強豪国がバトンミスをせずに、空前のハイレベルでの4継決勝が戦われたということだ。

「おおーっという感じでしたよね。ずうっと、行ってる、行ってるっていう。途中までトップのほうにいて。どこまで行くんだろうっていう感じで僕ら見ていましたから」

解説席にいた伊東浩司はそう言った。

「おお、まだ、こんな位置にいる。まだ、いる。まだ、いる。えっ？　えっ？　えっ？　えっ？　って感じで」

予選で記録がついてきて、メダルをとれるかな？　ではなく、本気でとりにいっている、こういう時は力の出方がやはり違う、と伊東は語る。

「四人が四人とも〝行ける〟って思ったっていうのも、なかなかないですよね。自分が足を引っ張ったらどうしようとか思わないで。見ていても、たくましいようなレースですよね。悲壮感がなくて、とにかく、前へ前へ、ずうっと獲物を狙うような勢いでした」

このレースの素晴らしさは、スタジアムで空間を共有した観客だけでなく、テレビ観戦の人々にも十分に伝わった。試合後の選手たちに届いた様々なメッセージに、残念、惜しい、悔しいという言葉はなかった。おめでとう、ありがとう、すごかった、ほとんどが賛美と感謝の言葉だった。

大きな日章旗を二人ずつ持ち、日の丸の小旗を振りながら、メンバーはスタジアムをぐるりと一周した。「やったぞー」じゃなくて「ありがとうございましたー」というお礼の〝ウィニング・ラン〟だったと末續は言う。この頃には、メダルに届かなかった悔しさは昇華されて、力を出し尽くした充実感に四人の顔は晴れ晴れと輝いていた。

スタンドからの声は、「ありがとう！」の声が一番多かった。末續がレースが始まる前に感じたように、長居の観衆は、皆、共に〝走った〟のかもしれなかった。心だけでなく身体ごとトラックに奪われるようなレースだった。観客が選手を支え、選手が観客を酔わせた。そして、選手と観客が、共に心から「ありがとう」と言い合える、そんな奇跡のように幸せな場が生まれていた。

「幸せでした」

「幸せでしたよね」

「とにかく幸せでしたよ」

「幸せでした」

塚原、末續、高平、朝原、四人のスプリンターは、異口同音に大阪大会の4継の感想を締めくくった。

第二部　スプリンター

1 再始動

2007年11月9日、大阪大会が終わり、2カ月が既にたっていた。現役続行を表明し、取材や講演活動などに忙殺されている朝原選手にようやくインタビューの時間を空けてもらうことができた。大阪、淀屋橋《よどやばし》にある大阪ガス本社を予定の午前10時に訪ねると、ほとんど待つことなく、スーツ姿の朝原宣治が一人ですっと顔を出した。

わあ、アサハラだ！　と、〝本物〟を初めて間近で見るこの瞬間は、仕事を忘れて単純にミーハー・モードに突入する。紺地のストライプのスーツがしっくり身体《からだ》に馴染《なじ》んでいる。長身で、ああ大きいなと思うのだが、鍛え上げた筋肉をスーツが隠していて、別人のように見える。先月、先に取材していた、社会人1年目の高平選手のスーツ姿の初々しさに比べてあまりに落ちつきと貫禄《かんろく》があるので、

「さすがに背広、着なれてますね」

と言うと、

「そりゃ、サラリーマンですから」

と苦笑された。大阪大会の時に、「サラリーマンの星」と書かれた朝原の横断幕がスタンドに出ていたことを思い出した。

社内の応接室で、世界陸上の話を中心に2時間のインタビューをする。飾らない、構えない、ゆったりと落ちついていて、あたたかい——誰もが朝原に抱《いだ》くイメージを微塵《みじん》も裏切らない口調や挙動だ。昨年からの代表合宿で初めて親しく接した若い塚原が「本当に聞いていた通りの人で……」としみじみ感動するわけだ。

第一線のベテランの話は、実にわかりやすい。取材慣れしているのはもちろんだが、専門外の人間にも伝わる言葉を選んでいるかのように、平易で正確で自然だ。

娘にサインをもらおうと持ってきていた『朝原宣治のだれでも足が速くなる』（学習研究社）の著作を、出す前に目敏《めざと》く見つけて「ありがとうございます」とお礼を言われた。きちんとした指導者のいない陸上部で短距離をやっている中学生の娘はこの本を読んで（何かを実践したのだと思うが）「マジ足が速くなった」とやる気を出している。

午後から会社のグラウンドで練習をするというので、見学を申し出ると快諾してもらえた。それじゃ一緒に行きましょうということになり、その前に、社内のレストランでお昼を食べた。大阪での欧風レストランの草分けの一つと言われる有名なガスビル食堂だ。広く、きれいで、伝統的な洋食の味がおいしい。

朝原はカレーを注文した。わあ、アサハラがカレーを食べている！　というミーハー・モードに入り込まないように私は努力した。スポーツに関しては10代の頃から鉄骨のミーハーで、アスリートへのあこがれを抱き続けているので、世界的スプリンターの朝原宣治が隣でフツーにカレーを食べているというのは、本来、〝大事件〟なのである。

食事をしながらも色々と話をした。雑談というよりはテープをまわしておかないと……というような内容のある話で、主に大学時代のエピソードを聞いた。その食事中やさっきの応接室での話の合間に、朝原は私に質問をしてきた。高校陸上部を題材にした私の小説を、今回、取材させてもらう選手の皆に送っていて、読んでくれていたのだ。その創作の仕事に興味を示してくれたのが、すごく嬉《うれ》しかった。そして、作品中の走る感覚を〝わかる〟と言ってもらったのは、あまりにもありがたすぎるプレゼントだった。高校生スプリンターに出来る限りの取材をして書いた小説だが、競技経験のない自分にどこまで表現できているのかは賭《か》けのようなものだったからだ。今回の仕事の名刺代わりとはいえ、トップ・スプリンターに読んでもらうのは、「恐縮です」としか言いようがなく、本当に嬉しかった。

「東海大に小説の取材に行かれたんですか？」

と朝原は聞いた。

「いえ、行ってないです」

「でも、あれ（小説中で）、東海大の練習ですよね？」

「取材先の高校の陸上部の前コーチが、高野進さんをすごく尊敬していて、練習方法をいただいていたんです」

あ、こういうことは丸わかりなんだなと納得した。後日その話を高校陸上部の指導陣にすると、顧問の先生がすいませんというふうにアチャーと頭を抱えて笑ったのだった。

大阪ガスの専用グラウンドは、兵庫県西宮市の今津にある。ラグビーチームのホームグラウンドなのだが、社のスポーツチーム全体の練習場でもあり、陸上部もここを使っている。07年11月時点で、短距離二名、長距離九名という構成だ。

会社や京都の自宅とグラウンドの往復に、朝原はいつも電車を使っている。その日も、電車で移動したのだが、プラットホームや車内で、彼が何気なく人込みに溶け込んでしまうのが不思議な気がした。2カ月前、ここ大阪の世界陸上で、あれほど世の中を沸かせた、新聞やテレビでおなじみの姿だ。彫りの深い二枚目の顔立ちに、がっしりとした目立つ長身。それでも、シックなスーツに身を包み、持ち前の物静かで穏やかな雰囲気の朝原は、何の違和感もなく、大阪の日常風景に紛れてしまう。ユニフォーム姿の時にはあまり感じない35歳という年齢が、街の景色にあぶりだされるかのようにごく自然に意識されてきて、現役続行の決意の重さを妙にひしひしと感じたのだった。

もう一つ、ふと思ったのは、朝原は、企業スポーツがアマチュアリズムを確立していた旧時代に属する選手なのかもしれないということだ。彼より二つ年上になる伊東浩司が「僕らはアマチュアでしたからね」とやや皮肉めいた口調で話していたことを思い出した。それでも、伊東に言わせると、朝原は同年代という意識ではなく、下の世代の選手なのだそうだ。意外だった。どちらも、日本記録を塗り替えながら、世界のグランプリをまわり、世界大会のセミファイナルに進出し、何度も同じ4継チームを組んだ、日本短距離の巨大な両輪でライバルという印象がある。ライバルという感じではなかった、年代的に分かれていたと、伊東は話す。その伊東が引退してから7年、朝原は走り続けてきた。今や短距離の両輪は、八つ年下の末續と朝原だ。複数の時代を股《また》にかけて、長く太く続けている奇跡のような偉大な選手。

だが、朝原は、そんなことはどうでもいいのかもしれない。日本の陸上界における自分の立場、流れていく歴史の中の位置付けなど。

「まだ、自分にやれることがあるんじゃないかと思ったので」

現役続行の理由は、ひたすらシンプルだった。

今度こそ手が届きそうに思えた100mファイナリストへの夢、4×100mリレーメダリストへの夢、その夢をかなえたいというより、そのために努力、検討する具体的なプランが朝原にははっきりと見えるのだ。そして、チャレンジできる身体の状態だと判断した。一度落としてしまったコンディションをゼロから作り上げて臨んだ大阪世界陸上、その身体をあと1年、北京五輪まで維持し、さらに向上させる可能性が見える。

１００ｍに関しては、決勝までの3レースの戦い方をもっと考えられる。大阪では、一次予選にシーズン・ベストを出して、これが一番いいタイムだった。そして二次予選までが10秒1台。ここまでで、身体的エネルギーをかなり使い切ってしまい、準決勝では10秒3台。3レースのエネルギー配分、調整、そして長期的視野でのコンディショニング……やれることがある。成功するかしないかはやってみなければわからないが、試してみたいことがある。

そして、4継に関しては、バトンゾーンからのスタートに反省点があった。徐々にスピードを上げるようにきれいに出て、なめらかな加速をして後半にぐんと伸びて追い上げたのだが、結果は届かなかった。もっと、思いきり出てもよかった。ガツンと出てもよかった。彼らしく出てもよかった。これまで朝原は3走からの受け渡しのトラブルで、バトンゾーンの出口で何度も急ブレーキをかけていて、どこかで慎重になっていたのかもしれない。同じ4走だったジャマイカのパウエルのスタートダッシュはものすごかった。後方から現れたかと思ったら爆発するようにぎゅーんとぶっ飛んでいってしまった。

１００ｍのラップタイムは*8秒84だ。9秒0台でも世界トップレベルなので、これは驚異的な数字だ。化け物だ——と朝原は苦笑する。真似《まね》はできない。でも、そのイメージは頭に残る。

大阪大会の時、隣の部屋にいて、朝原とよく会話していた末續は、やめる人の話じゃなかった、と笑って振り返る。もう、その時点で、朝原のエネルギーは前に向かってあふれだしていた。やれること、やりたいことが見えていた。もちろん、続けることにはリスクがある。最高の花道となった大阪でやめるのが美しいと考えた。家族のこともある。だが、相談した、代表監督の高野進に言われた。「引退に、美しいなんて、ないんだよ」と。朝原は、進むか退《ひ》くか迷った時、何より、スプリンターとしての現在の自分を冷静に細密に検証したのではないだろうか。周囲の状況を一度すべて忘れて。

スプリンターは、いつも、〝対自分〟だ——と末續は言う。自分と戦うことに疲れ果てた時、スプリンターは引退を決めるのだろう。朝原には、まだ、その日は来ていない。

大阪ガス今津総合グラウンドは、設備の整ったきれいな練習場だ。今津駅から徒歩10分、西宮駅からタクシーで10分ほどの距離にある。隣は小さな川をはさんで工場の倉庫のトタン屋根が見え、グラウンドのまわりの木々がわずかに紅葉していた。

午後3時、天気は曇り、やや強い東の風が吹き、気温は20度を超えていた。

グレーの長袖《ながそで》Tシャツに青いタイツのトレーニング・ウェアの朝原は、ストレッチからアップに入る。携帯用音楽プレーヤーのイヤホンを耳に、ゆっくりと身体を伸ばしていく。それから、ウォーキング。ジョグ。しっかりと腕を振る。ジョグでも、そのフォームは磨き上げた完成形を思わせる。接地を意識して、足裏をきっちり地面につけていく。アップシューズがタータンに接するテッタテッタという規則正しい音が、やけに鋭く耳に響いた。

そのくらい、グラウンドは静かだった。中央のピッチで三人がサッカーの練習をしているだけ。ひっそり静まりかえった秋の平日の午後、ひっそりした街のひっそりしたグラウンドで、一人きりで、35歳の偉大なるランナーが再び、新たなスタートを切っている。

風邪《かぜ》気味だという朝原の身体は、心なしか重そうに見える。

「練習がどうしても嫌だと思う日ってないんですか？」

昼食の時に、私はそんなことを質問した。

「ありますよ」

朝原はまったく当り前のように落ちついて答えた。

「そういう日は、どうするんですか？　それでも、やっぱりやるんですか？」

「体調にもよりますが、まあ、思い切ってスパッと休むこともあるし、気持ちを切り替えて短めにやったりします」

この人は、これまでの人生で、どのくらい走ってきたのだろうとふと思った。距離の話ではない。いや、煎《せん》じ詰めると、距離や量の話になるのかもしれないが、もっと形容しがたい重たいものだ。毎日、毎日の積み重ね、常に自分と向き合い、身体と感覚と心を磨いていく。一度、打ちかけたピリオドを消して、また、走る。誰にやらされるのでもない、自分自身の意志で。

一人きりの練習でも、孤独には見えなかった。でも、元気にも陽気にも見えなかった。そこには、ひたすら静かで強靭《きょうじん》な意志があった。朝原宣治という一人のランナーの静かな意志が、広いグラウンドをひたひたと埋め尽くしているかのように感じられた。

ハードル・ウォーク。片足をまっすぐにして、片足を大きくまわすようにまたいでいく。左右交互に。5台のハードルは、自分で設置して片付ける。新品のような真っ白いスパイクに履き替えて、60m走を6割くらいで1本。120m走を7割くらいで3本。走ってから戻る時、ドリンクを飲みに行く時、普通に歩く、その歩きもただぼうっと歩いてはいなかった。常に自分の身体と地面とに何かを問いながら歩いているように見えた。グラウンドに立つ時の朝原は、どんな一歩も無駄にはしないのだ。どの一歩も、あの10秒前後で競われる世界大会の100m走のすさまじい戦いに、すべてつながっていくように思われた。

11月は、まだ色々なイベントがあったので、朝原が本格的に冬季練習に入ったのは月末からだった。

一般的に、冬季練習というと、まず、一度スピード・レベルを下げて、スパイクは履かずに、本数を増やしたメニューで、質より量を追って始める。そうして基礎体力を大きくしてから、4月のシーズンインに向けてどんどんスピードを上げていく。その〝常識〟に朝原は疑問符をつけた。せっかく世界陸上で作り上げた身体と感覚を、わざわざまた落としてしまいたくない。遅いスピードで量をやって身体を疲れさせても、あまり意味がないのではないか？　スピードを落とさなくても、有効な冬季練習ができるのではないか？　世界陸上の翌年がオリンピックという日程や、年齢、経験などを踏まえた、この状況下における彼独自の判断だが、甲南大学陸上部の監督をしている伊東浩司は注目していて指導に取り入れることも考えているという。

練習の総合量は、昨年の冬季と変わらない。大阪に向けて上げたスピードの感覚をあまり落とさないように、冬季の間もずっとスパイクを履いて走り続ける。スピードが出るように走ればいいというのではなく、あくまで、試合で走る感覚を心身から逃さないようにするのだ。

2006年は朝原はほとんど試合に出ないシーズンだったので、オフの初めは、ゼロに近い身体条件だった。今年はスタート位置がまるで違う。ウェイト・トレーニングも含めて、昨年よりハイレベルの値での練習ができている。

2008年2月から3月の中旬にかけて1カ月以上、オーストラリアのキャンベラとシドニーのトレーニングセンターで合宿をした。大学や大阪ガスの後輩などと七、八人のメンバーで行った。オーストラリアは夏の終わりで、日差しがすごくきついが、気候は爽《さわ》やかだ。それも、シーズン中で、シドニーやメルボルンなどで幾つかエントリーしてレースをした。スピードの感覚を落とさないためという冬季練習のプランの一角だ。

朝原は試合にどんどん出ながら、調子を上げていくタイプの選手だ。試合を練習の一環として考え、調整に使うことができる。さすがに、年齢的に一つの試合からの回復が遅くなったので、シーズンインしたら以前よりは数を絞らなければいけないが、このオーストラリアのようにスピード練習と割り切る場合はどんどん走れる。

スピード感覚を落とさないつもりで練習してきたが、寒い日本の冬では限界がある。気温が低いと、身体が動かないのでスピードが上げられないのだ。いざレースで走ってみると、やはり、シーズン中のオーストラリアの選手とは、感覚が違っていて、自分の頭の中がまだまだ冬季練習中だと感じさせられた。練習でけっこう走れているなと思っても、実際に試合で走ってみると違う。身体の感覚、接地の感触、シーズンインに必要なポイントがわかったので、どんどん磨いて鋭くしていく。試合で走るということで、単調になる冬季練習にメリハリがつけられたのもよかった。

3月16日に帰国し、1日だけ家で休んで、18日には沖縄で行われていた代表合宿に合流した。

2　マイウェイ

２００８年2月8日に、東京赤羽《あかばね》のナショナルトレーニングセンターで、短距離日本代表候補選手の健康診断やミーティングのイベントがあり、そこにお邪魔して、選手たちに話を聞いた。本当は一人ずつインタビューする予定だったのだが、色々都合があり、末續、高平、塚原の三人が同時に集まる時間帯があった。私の質問に答えてもらうより、選手同士がフリーに会話しているほうがだんぜん面白かった。そんな中で朝原の話題になった。

「いつまでたっても、あの人の背中を前に見てやってる」

と塚原が言うと、

「前だね」

と末續が深くうなずく。

昨年の日本選手権の１００ｍで、13歳年上の朝原をおさえて優勝した塚原が、

「たとえ勝っても」

と、その記憶を拭《ぬぐ》い捨てるかのように言うと、

「僕も一緒に走って、あんまり負けたことないけど。でも、なんか、こう大きいですね、存在が」

末續がしみじみとつぶやいた。

「お父さんみたいで」

と高平が笑った。

「それはありますね。陸上界のお父さん的存在」

末續も笑って同意する。

「何をやっても怒られない感じの」

と高平。

「ちょっと本質的なものがあるんじゃない？」

と塚原。

「陸上界のルーツ。短距離選手はこんなもんだっていう」

と末續。

「ザ、スプリンター」

と高平。

「俺《おれ》ら、スプリンターって、負けず嫌いだから、誰がすごい選手って聞かれても、ふっ

う特定しないです。みんな、すごいって。でも、朝原さんはスゲエですね。スゲエもスゲエ。速いも速いですね」

末續は熱心に語った。

「速く走ることで、俺らになんか伝えているじゃないですか」

「朝原さんには、生涯学ばないといけないだろうし」

塚原が生真面目《きまじめ》に言い切る。

「生涯現役でしょうね。たぶん、本人はそういうふうには思ってないでしょうけど。そういう精神じゃないと思うんですけど」

末續が言うと、高平がうなずいた。

「だからこそ、僕らがスゲエと思うのかもしれないですよね」

「あの人は〝ふつう〟じゃないから。だから、〝もう遅くてもダメでもいいから走っていてほしいですね」

末續が彼独特の軽い口調で真剣な言葉を発する。

「歩き、でもいいからね……」

後輩たちが、レースで走って勝っても、まったく超えられないという、朝原宣治の選手としての、人間としての大きさは、いったい、どのように築き上げられていったのだろうか。

朝原の恩師、兵庫県立夢野台高校元陸上部監督の大林《おおばやし》先生に当時の話を聞きに行った。大林は、選手時代は長距離が専門で、教職についてから、ずっと陸上部の指導をしていて、夢野台は三つ目の赴任先だった。前任者が専門家ではなかったので、小人数で細々とやっていた部を部員勧誘から始めて、徐々に強くしていった。朝原も、大林が積極的に勧誘して入部させた生徒だった。

朝原は、中学ではハンドボール部にいて、高校はサッカー部に仮入部していた。元々サッカーをやりたかったのだが、中学に部がなくてハンドボールをしていた。朝原の中学の先輩が、夢野台高校陸上部にいて、彼の有名な足の速さを大林に教えたわけだが、勧誘の殺し文句は「おまえ、全国大会に行きたいやろ?」だった。朝原の中学のハンドボール部は全国大会に出場していた。夢野台高校のサッカー部では3回戦くらいまでしか勝てないが、一人でやる陸上競技ならインターハイに行ける。速い選手があと三人入ってきたから、朝原がいれば四人でリレーも全国を狙《ねら》える。その言葉が功を奏したのか、サッカー部より陸上部に魅力を感じたのか、朝原はそこで栄光への第一歩を踏み出した。

「歩き方から、普通の子と違ってましたね。かかとから歩くんですね。かかとからぐーんと浮く、ごっついバネがあるような歩き方でした。意識してやってるんかと聞くと、そうやないと」

大林は朝原の第一印象をそう語る。やり投げをやらせたら、横に飛んでしまい、なかなかうまく投げられなかったが、幅跳びはすごかった。中学で6m20、30跳べたら能力が高いが、何ひとつ技術的なことを教わらずにいきなり6m60をポンと跳んでしまった。ハンドボールのジャンプシュートの助走が幅跳びと似ている、ババババーッと走ってきてパッパーンと跳ぶ感じが——大林はそう言って朝原に走幅跳の種目を勧めた。

その走幅跳は、インターハイで2年の時に3位、3年で優勝という輝かしい成績をおさめた。3年のインターハイでは、他に100mと4継に出場し、100mは準決勝、リレーは予選で落ちた。リレーは4走を務めた。その頃からアンカーなんですね、と水を向けると、大林は関西人らしく、あっけらかんと明るくずけずけと言った。

「速いからアンカーということもあるんやけど、もう一つは、彼は不器用なんです。渡せない。もらって走ることはできるけど、持って渡せない。渡そうとして、むっちゃ力入るんです。日本代表の4継メンバーも、よう考えとるな思てね。今でも下手《へた》なんちゃいますか」

のんびりした性格、見たまんまです、と大林は語る。

「短距離の選手としては、わりあい異色やな思うてね。落ちついているから、あんまりあたふたせんから、アンカーにいいんかもわかりませんね」

1年の頃は雨が降ったら練習がないと思って勝手に帰ってしまったという。助走のスタートを逆足から出ていて、それに気づかずにファールを連発していたこともあった。細かいことにこだわらない、おおらかな性格だが、そのマイペースぶりは、面倒臭いことも嫌った。キャプテンをやるかと打診されて「僕イヤ」と断ったというエピソードもある。部員たちにはとても頼りにされていたが、自分からそんなに積極的に面倒を見るタイプではなかったらしい。

大林は朝原にあまり手取り足取り指導をしなかった。走幅跳も、中学時代に徹底した技術指導を受けていた後輩のフォームを見ながら覚えていったところがある。

「僕から陸上競技を教えてもろうたとは思ってないんちゃうかな」

と大林は笑ったが、朝原への指導にはきちんとしたビジョンがあった。陸上を大学でも続けるのかと選手に聞いて、続けると答えた子には基本を作るような練習を、高校までと答えた子にはもっと中身の濃いメニューを与えたという。一見、逆のようにも感じるのだが、大学でも続けるような選手は基本の先を自分で考えられる創意工夫が必要であり、高校で終わる選手は能力のぎりぎり限界まで引き出す指導をするという考え方だった。

朝原は大学でもやると答えた選手で、インターハイ優勝といっても高校生の中の1位というだけのこと、日本一を目指して頑張りたいと大きな夢を持っていた。

〝高校で1位〟の選手には、たくさんの学校から勧誘があった。その中で、同志社大学を選んだのは、関東へ行きたくないという理由以上に、監督、コーチに徹底的な管理、指導を受けずに一人で好きにやれるというのが大きかったようだ。

インターハイ・チャンピオンに育てておきながら、埋めた種がひとりでにすくすく伸びたような口振りの大林は、朝原以上にのんびりした、おおらかな雰囲気の持ち主で、きっと二人は気があったのだろうし、運命的な良い出会いだったのは間違いない。

「ひょっとしたらオリンピックに行けるかなと思っていましたけどね。オリンピックに出れたらいいな、出れるかもわからん、と言うたことはありますね」

大林は、朝原の出る試合は、生かテレビで出来る限り見ていると言う。

高校時代の朝原は、あんなに筋肉隆々ではなかった、もっとスマートだったと大林は言う。大学時代に相当ウェイト・トレーニングをやって身体を作ったのだろうと。

「あの基本練習の嫌いな朝原がよう身体を鍛えたなと、作ったなと」

朝原の筋肉が、日本人には少ない上質なものだと言われたことがある。高校3年の全国大会の前に、リレー・メンバーの一人が肉離れをおこしたので中国針に連れていった時、一緒に連れていった朝原をさわっていた鍼灸師《しんきゅうし》が、

「この子の筋肉は、日本人に珍しい、黒人並みの柔らかさをしています。これはいい選手になると思います」

と驚いた。有名な選手を何人も治療している、スポーツに造詣《ぞうけい》の深い鍼灸師だった。

朝原は、とにかく非常にまじめで、面白いおかしいエピソードなどないと首をひねりながら、大林は高校の恩師ならではの〝チェックポイント〟を聞かせてくれた。

「100mのスタートの前に、髪の毛をフーッと吹き上げるんですよ」

高校時代の朝原は、額の前髪を息で吹き上げる癖があった。

「あれが出ている時が集中している時やね。自分で気がついていないと思うけども。集中していると、前髪をフーッと吹き上げているんですよ。じーっとゴールを見ながらね。それがいい感じ」

彼が集中できているかどうかを、けっこうその癖で判断したと大林は言った。でも、最近は、もうやっていないかも、と笑う。

「この前の大阪の時は、そんなんスタンドからは見えへんかったし、ビデオとか見るとやっとらんなあ」

大林先生に車で送っていただき、朝原の実家を訪ねた。神戸市の高台の静かな住宅地にある日本家屋だ。夢野台高校も、朝原家の周辺も、緑豊かで爽やかな、とても環境のいいところだ。

なつかしいような気持ちになるお宅だった。少年朝原宣治が、四つ年上のお姉さんと一緒に仲良くすくすくと育っていった幸せな日々が、透明な年輪のように刻まれているようだった。〝本物〟の抹茶やカプチーノをごく自然なもてなしとして出してくださる屈託のないお母さん、若い頃は弓道の選手だったというスポーツ万能の優しそうなお父さん、息子を語る一つひとつの飾らない言葉が胸にしみた。

「あんまり反抗期もなかったですし、穏やかですね、性格は。ゲームが流行《はや》ってましたけど、うちでは買わなかったし、外で遊ぶほうが好きでしたね。怒ったことはないです。本当にないですね。怒るような悪いことはしませんでしたね。手が掛からない子でしたね。姉弟喧嘩《きょうだいげんか》もしなくて。姉に威厳があったのか、下がおとなしかったのか、お姉ちゃん、お姉ちゃんって……今でも仲良しですねえ」

〝いい子〟の自慢というよりは、大林先生と同じように、個性的なエピソードがなくて申し訳ないというようなお母さんの口調だった。大林先生に聞いてきた「勉強ができた」という話題をふると、「そんなん普通ですよ」と明るくカラカラ笑う。

「英語が好きだったんじゃないですかね。高校の時に、英語の通信教育のフロッピー・ディスクを買ってきて自分でやってましたね。小さい時から、外国に行きたい、世界中をまわる仕事がしたいとか、そんなん言うてましたから」

ワールドワイドなスプリンター、朝原宣治の一つの出発点のような話が聞けた。

大学3年で朝原は大ブレイクするのだが、就職を考える4年の時に、海外留学を具体的に考えていた。本当に陸上ができるのかという下見として、一人でドイツに遠征し、ヨーロッパで試合をして、環境などを確かめてみた。そして、ドイツ留学をさせてくれることを条件に就職活動をして、大阪ガスに決めた。ドイツ留学の見当はつけていたが、専門の走幅跳のいいコーチをずっと探していて、春先、シュツットガルトにコーチのラップを訪ねた。相性がよかったので、話を進め、就職1年目の7月に渡欧する。コーディネイトしてくれるドイツ在住の知人はいたが、朝原は語学学校に通って日常会話を一から学び、まさに独力で道を切り開いていった。

拠点を海外に求め、外国人コーチについて長期的に陸上を学ぶというのは、前例がない。まさにパイオニアであり、今も後続がいるわけではないので、いかに大胆な行動で、強い意志を持っていたかと驚かされる。

「全部がもう事後承諾ですから。何も相談はないです。自分で決めて、こうなったからということで。まあ、私たちに言っても何もわからないから言わないいんだと思いますけどね。でも、心配しましたけどね。やっぱり一人で……」

とお母さんは言った。

「言葉がわからない、英語だってそんなに堪能《たんのう》じゃないし。食べ物の心配もしましたね。身体でも壊したら大変ですから。最初はコーチの家にしばらくホームステイさせていただいて、寂しいということはなかったんだと思います」

両親がドイツを訪ねた時は、もう言葉に不自由しなくなっていて、三人でスイス旅行をしたのだという。

「外国にはなぜか合うみたいですね。あの性格が。ぼやーっとしていい加減なのが。縛られない生活なのが合うんでしょうかね。好きみたいですね。ドイツには5年？　アメリカには2年いたんですかね」

日本では、当時100mの記録を持っていて選手としての地位があった、でも、ドイツに行ったら誰も自分のことは知らない、そこで人間としての自分ということをずいぶん考えたと朝原は言っていた。

「日本では何不自由なくやれていたのが、ドイツではすごく難しい、そんなことが結構あって、その中でさらに強くなっていこうとすると、自分が本当にしっかりしないと……」

ただ、お国柄として、日本はちょっときちんとしすぎていて、アメリカは逆に極端で、ドイツはちょうどその中間くらいで居心地がよかったという。「僕も結構いい加減な人間なんで」という朝原にとって、日本にいるとちょっと窮屈なのが、ドイツにいると、ほどよいゆるさで過ごしやすかったらしい。

練習は厳しかった。高校、大学と、かなり自主的な練習をしてきた朝原にとって、メニューをがっちり組まれて徹底的にハードにしごかれるのは初めてだった。お国流のしっかりした科学的なトレーニングプランをこなし、大学時代に始めたウェイトも、ドイツですごく強くなり、そこから値をある程度維持できるようになっていった。20代前半の最も体力のある時期に、質も量も高いハードな練習で、陸上選手としてのパワーを貯えていったのだ。基礎的な能力を上げるという目的は十分に達成された。一人で異郷の地で鍛錬することで、精神的にも一際《ひときわ》たくましく大きくなっていった。

ドイツには5年間滞在したが、故障で、後半は治療のために日本で過ごすことが多い日々となってしまった。特に99年の踏切足のくるぶしの疲労骨折はロング・ジャンパーとしてはかなり深刻なもので、再起のためにまず走ることから始めていくうちに、2000年シドニー五輪の4継のメンバーに選ばれ、そこからどんどんスプリントの魅力にとりつかれた。走るのが面白くなり、跳ぶことは朝原の中からいつのまにか消えていった。

これまでの競技人生の中で、最も印象に残っているレースを挙げてもらったら、感動の大阪大会の直後だったにもかかわらず、朝原は、初めて出場したオリンピックであるアトランタ、そして、4継のみで出たシドニー五輪を選んだ。

「2年間怪我《けが》をしていて、治って出られた試合だったので印象は強いですね。シドニーがなかったら、その後の僕の陸上人生というのはなくて、怪我をしたままずっと沈みこんで終わっていたかもしれないので」

そのシドニー五輪の記憶は両親にも鮮烈だった。

「ものすごいと思ったね、我が子ながら、親ながらね。すごいと思ったね」

とお父さんは語る。

「怪我の克服がすごかったもんな。どう考えても。短期間で乗り越えて行きよりましたもんね。かなりひどかったらしいけれども、ちゃんとシドニーにパチッと行きよったからね」

「ボルトを入れてるんやもんね、足首に。もうダメかと思いましたね、走るのは」

とお母さん。

「ボルトを入れて、抜いて。2回手術しているわね。堺《さかい》の病院に1カ月ぐらい入っていたものね」

「ボルト見せてもらいましたか？　これぐらいの。記念に持ってますわ、いつも」

とお父さんはしみじみと誇らしげに微笑《ほほえ》んだ。

そのシドニー五輪のあと、走幅跳の選手として留学したドイツから、次はスプリンターとして学ぶべく、朝原は、拠点をテキサスに移す。テキサス大学陸上部コーチのダン・パフは、世界のトップ・アスリートが個人的に指導を依頼にくるような〝名伯楽〟である。そういったトップ選手たちを指導する私的なクラブに朝原も加わり、ベイリー（カナダ）、スリン（カナダ）、トンプソン（バルバドス）といった世界一流のスプリンターと練習を共にするようになる。

「僕は、もともとステップとして、最後にはアメリカに行きたいというのがあったんです。自分にある程度キャリアが出来て、自信がついて、2000年（シドニー五輪の年）くらいの僕だったら、アメリカのコーチが言うことも理解できるだろうと思って」

ドイツ語は堪能になっていたが、英語はまだまだなので、やはりここでも語学の学校に通って言葉を学びながらの陸上留学となる。ただ、ドイツでの経験が生きていて、言葉や海外生活の面では、はるかに余裕があった。

「ドイツでやっていた時は、最後のほうは跳躍チームで僕が一番強いと決めてかかった感じだったんですが、アメリカでは僕より下があんまりいない。選手のレベルがすごい。ベイリーは当時100mの世界記録保持者で、トンプソンはシドニー五輪で銅メダルをとったばかり。そんな選手たちと一緒に練習で走れるというだけでも、一つひとつがすごい大きな経験で、記録が狙えるという気もしましたね。ついていけない練習もありましたが、同じレベルでできるものもかなりあって、すごい自信になりました。試合でもできるんじゃないかという自信を得ました」

一緒に走る相手は世界のトップクラス、一本一本が真剣勝負、パフ・コーチは世界大会なみのシチュエーションを作るので、いくら練習だといっても本気で競り合って、すごいテンションになる。

練習はすべてが実戦向けだった。コーチは、選手一人ひとりの個性を鋭く見抜いて、アドバイスし、メニューを作る。自らの陸上の理念、哲学が確立されていて、長年にわたってそれを実践しているという指導者は、日本ではめったに出会えないと朝原は思う。スプリントの練習を本格的にしたのは初めてで、スタートから30mまでを徹底的に直された。いかにエネルギーのロスがなく100mを走り切るか、スタートからゴールまでの走りの流れを深く考えるようになった。

ドイツ滞在中の97年、アメリカ滞在中の01年、02年、ヨーロッパのグランプリ・レースをまわった。特に02年は、本気でGPファイナルを目指したが、得点が足りずに出場の夢はかなわなかった。それでも、トップ・スプリンターとレースで競うという経験が、世界大会の大舞台において、どのくらい大事な経験になるかを痛感した、実りの大きい挑戦だった。

「世界大会の準決勝になると、ある程度同じようなトップの顔触れがそろうわけです。その中で、自分がどのくらい戦えるかを知るためには、一緒に走るしかない。海外のグランプリ・レースに出れば一緒に走れる。自分の力を知るために、そして本番で大舞台の雰囲気に飲まれずに力を出すために、貴重な機会だと思います」

トップレベルの海外のレースに出場するには、それなりの持ちタイムが必要だ。誰にでもできることではないが、機会があればやるべきだと朝原は考える。

これまでに、朝原は100m10秒0台を4回出していて（伊東が4回、末續が2回、日本人で0台を出したのはこの三人だけ）、2回は海外での記録である。97年の10秒08（日本人初の0台）は、ローザンヌのレースで、ここは有名な高速トラックで記録が出そうな雰囲気があった。自己ベストの10秒02は、01年オスロで、ここはそんなに上質なトラックではないが、その時はすごく風がよくて選手たちが皆予選から好タイムで走っていて、いい雰囲気だった。あとの2回はどちらも日本選手権で、日本は下（トラック）はいいが、スタンドの雰囲気が盛り上がらないことがあって、なかなかタイムが出ないことがあると朝原は言う。

レースでのベスト・パフォーマンスについて彼に聞いてみると、「あんまり記憶がない時のほうがいい」のだと少し残念そうに答えた。自分の理想は、すべてをコントロールしてタイムを出したいのだが、それとは裏腹に、記録がいい時ほど感覚や記憶が飛んでいる。08を出したローザンヌの試合は、すごく集中していたことは覚えているが、形がどんなふうに動いているとかはあまりわからない。

そういう記憶が飛んでいるレースは、すべて真っ白というわけではなく、要所要所は覚えている。例えば、スタートして30mから40mぐらいになると、黒人選手が前に出てきて中盤がすごく強い。それについていくのは身体が苦しいのだが、そこで簡単に並んで行けたり、苦しくなかったり、あれ？　って感じですいすい走って前の方でゴールするということがある。最後の方は、まだエネルギーが残っている感じがする。自己ベストを出したオスロの時は、もう最後は息絶え絶えで、結構きつかった。エネルギーを使い切った感じだった。

オリンピックや世界選手権のような大きな大会で、いい記録を出したい、それを自分できちんとコントロールしてやりたい——それが朝原の100mの理想だ。メダルをとる、9秒台を出す、という華々しい結果以上に、彼がスプリンターとして追い求めていく理想。朝原宣治のスプリントを究めること。

北京五輪への抱負を聞いた時に、オリンピックは、その理想の延長線上にあるのだと彼は答えた。もちろん、五輪は目指すし、そこで結果も追う。ただ、そのためだけにやるのではない。引退の決意を覆したのは、オリンピックで何かを成し得たいというより、高校から続けてきた長い道程《みちのり》で、ずっと考え実践してきたスプリントをさらにとことん究めたいからだ。

「色々研究しながら走っているということだから、それが解明されてピタッとはまると嬉しいでしょうね。それが面白くて走ってるんじゃないですか」

とお母さんは言う。

今年、08年は、自分のリミッターを切ってみたい、と朝原は望んでいる。限界を超えてみたいと。

長い競技生活で、自分の調子がある程度予測できるようになっている。練習でこのくらい行けたら、試合ではこういう結果が出るだろうと。もちろん、実際に走ってみないとわからないのだが、そんなに大きくはずれることはなくなってきた。大阪大会も、〝想定内〟ではあった。一次、二次の予選が10秒1台できて、さらに準決勝で0台が出てポーンと決勝に行ってしまったとしたら〝想定外〟だった。そんな〝想定外〟、いいほうの〝想定外〟、自分で自分が驚くようなことを起こしてみたいと朝原は言う。

「試合はよく行ってましたね。アトランタ、シドニー、アテネのオリンピックは全部行きました」

お母さんは言った。

「(初めての)アトランタは、ええー？　という感じでしたね。オリンピックなんて出れるのん？　って。アトランタは何もない街でね、ツアーで行って、ホテルと競技場がすごく離れていて毎日夜中に帰ってくるんです。シドニーは大阪ガスの人たちと一緒に行きました。アテネは大阪陸協の先生にお世話していただいて、色々観光もできて楽しかったですね。オリンピックの雰囲気は、そりゃ、もう、すごいです」

私は昔から聞いてみたかった質問をする機会を得た。

「どんな感じですか？　お子さんが出てらっしゃるっていうのは？　やはり緊張されま

すよね?」

「それはありますけど……」

お母さんは「緊張」という言葉がピンとこないというように少し考えこんだ。

「見れないですよ、競技は。もう下を向いて。10秒ほどですけども。ドキドキして見れないですよ。済んでからビデオを見るのがほとんどですよ。日本の試合でも、競技場に行っても、あまり見れないんですよ。勝ちがわかっているような試合は別ですけど、どうかなと思っている時は見れないですよねえ。もう下を向いていると終わっている。ほとんど毎試合そうです。イヤですね、ドキドキするから」

「オリンピックも、嬉しいというより心配ですか?」

「そんなんが大きいですよ。いい結果が出たあとは嬉しいですよ。それまでは、嬉しいなんかないわ。イヤーと思うてね。テレビを見ていてもそうですからね。だから大変。１００ｍはまだ短いからいいですけど、マラソン選手のお母さんは大変だろうなあと思いますわ」

お父さんは競技場で試合を見ることはできると言う。ただ、心配やドキドキの大きさは変わらないようだ。

大きな怪我による進路変更はあったが、それすらプラスに変えてしまうような偉大な選手。始めから神様が朝原に用意していたような栄光の道にも見えるが、両親の目には少し違って映るらしい。

高校の監督の大林先生に出会わなければ、陸上をやっていなかっただろう、「今がないかもしれないしね」とお母さんは淡々と言った。オリンピック選手になるかもしれないと思ったことは？ と尋ねると、「いやー、そんなんは」とお母さん。「まったくないね」とお父さん。そもそも、オリンピックという言葉を朝原の口から聞くこともなかった。

「インターハイの時、僕、優勝するでと言うたんは聞いとったけどね」

とお父さん。

「ほんま、その通りになったんで、すごいなあと思うとったけど」

大学3年の時の日本記録更新などの大ブレイク。

「あの時に騒がれて、おお、すごいなというのは実感が出たね。すごいことやってるんだなって」

朝原は、大学を卒業したら普通に就職するつもりだった。社会人で陸上を続けるつもりはなかった。その決意を変えたのは、出場がかなわなかった三つの世界大会だった。

大学1年の時が世界陸上東京大会、これはまったく出られないくらいのレベルで、テレビ観戦。翌年がバルセロナ五輪、徐々に強くなっていてあこがれたものの、まだ届かずに日本選手権で負けた。さらに翌年がシュツットガルト世界選手権、出られるかもしれないレベルまでやっときたのだが、出場権を賭けた日本選手権で、力及ばずというより順位の勘違いというイージーミスで敗れる。この時に、せっかく競技者としてここまでやってきたのに、一度も世界大会に出られないのはイヤだと痛烈に思った。そこから猛然と練習に取り組んだ。ブレイクしたのは、その年だ。６月の日本選手権で苦杯をなめた後、８月のインカレで２００ｍ優勝、10月の国体で１００ｍの日本新記録、12月のアジア大会で８ｍ13の走幅跳の自己ベストと一気に花開いた。

「本人が一番楽しんでやっているから、それが一番いいことですよね。苦しんで苦しんでつらいことばかりだったら、見てるほうもつらいでしょうけれど、そんなそぶりは見せませんからね。そういうのは一切。淡々としていますね」

　陸上のことは、いい話はするけど、苦しい話はしないと、お母さんは言った。

「調子はどないなん？って聞くと、調子はいいよって絶好調宣言しよるね。テレビのヤッターマンみたいに」

　お父さんは笑う。

「あかんなあとは言わないね、調子悪くても。マイナス思考は全然ないですね。常にプラス思考やからね。小さい時から。何も考えてないんとちゃいますか。何でもいいほうに解釈するんでしょうね、前向きに」

お母さんが言う。

そのあたりの朝原の性格について、後輩の末續、高平、塚原は口をそろえて、「わからない」と語る。「どういう精神をしているのかわからない」と末續が首をひねれば、「僕は〝無〟だと見たね」と高平が決めつけ「うらやましいと思うことがあります」と続けた。多かれ少なかれどこか共通するスプリンターの性質と、朝原はちょっと違うと末續には思える。不安は当然あるはずだ。口に出すこともある。ただ、スプリンターが抱えている、どうしようもない〝揺らぎ〟のようなものが朝原の中には見つからない——後輩たちの目には。

朝原本人に話すと、「そんなことないですよ」と軽く笑って否定した。その話題をそれ以上追求せずに、さらっと受け流すのが、彼らしいと言えば言えるのかもしれない。先輩の伊東浩司は「大きなプランがあって、それにしっかりと土台を組めた年は強い」と専門的な分析をしてから、「すごく繊細だと思います」と言い切った。「揺らいでも仕方がないと悟っているんじゃないですか」

答えにくい質問なのは承知の上で、4継のメンバー全員に同じことを聞いた。

「ご自分のスプリンターとしての武器、これがあるから戦えるみたいなものを言葉で表現していただくと？」

「あー、何でしょうね。まあ、経験は結構大きいかなと思いますね」

と朝原は答えた。

経験。

そして、今の頭の中身をそのままに身体だけ若くできたら、それが一番いいなと笑った。

同じ競技者である後輩たちが、つかみきれないほどの大きさを持った選手。その存在感、オーラ、精神、身体すべてが大きい。スプリンターとしての自分をとことん追求する求道者でありながら、彼には悲壮感というものが見えない。世界的スケールの人物ですよ、と称《たた》えた言葉に、お母さんが必ずしも謙遜《けんそん》というばかりでなく笑顔できびきびとかぶりをふった。

「そんなこと思ったこともないですよ。小さい時から全然変わっていない。小さい時のまんま。全然そんなたいそうなことはないです。普通の子です」

普通の子——あるいは、ここに、朝原の揺らがない精神の秘密があるのかもしれない。最上級にいい意味で、実に〝普通〟の人だと私も感じた。こんなワールドレベルの選手が〝普通〟でいられることのすごさに逆に胸を打たれた。そのルーツは何より育った家庭なのだろう。〝最上級に普通〟で暖かく幸せな家庭の雰囲気をわずかな時間の中で濃厚に感じた。陸上競技に朝原を引き込んだ高校の大林先生も同じにおいがした。自由で伸びやかで真っ当な環境の中から、朝原宣治のマイウェイが始まったのだ。とことん自力で、強く、前向きに、彼は自分の道を切り開いていくのだ。

3 長い冬

2007年10月19日。東海大学湘南《しょうなん》キャンパスのグラウンドで、末續慎吾の姿を見つけた。世界陸上大阪大会が終わって1カ月半あまり。小雨混じりの曇天で、夕暮れのグラウンドの空気はだいぶ冷え込んでいた。

この日は、東海大学4年生の塚原直貴に世界陸上についてのインタビューに来ていたのだ。4時半頃、校舎内でのインタビューを終え、大学の授業後に始まる陸上部の練習に出るという塚原選手を少し見学するために、グラウンドへ足を向けた。何か食べ物を買ってくると自転車で消えた塚原の姿はまだ見えず、同大OBで一緒に練習している先輩の末續が、三々五々集まってくる大学生たちの中に何気ない様子でふっと立っていた。同行の編集者のKさんが先に気づいた。

「あ、ほんとだ。スエッグだ……」

私はなんだか声をひそめるようにしてつぶやき、じっと見入ってしまった。

取材をお願いしている4継のメンバーで、この時までに会ったのは塚原選手だけ。専門外のスポーツ・ノンフィクションのようなものを書こうという冒険的チャレンジに乗り出したものの、まだ、取材対象の選手たちにどうアプローチしていいのかわからない手探りの状態だった。中でも、末續選手は、大阪大会のダメージからの心身のリハビリ中で、インタビューはもっと先の日程でと所属のミズノの広報から言われていた。優れたアスリートを見ると「うわあッ」というミーハー・モードになる私だが、その時は、そういう気持ちと同じくらい、なんだかしみじみとしたものがあった。

「練習、始めたのかな」

「そうですね」

ぼそぼそ会話しながら、もう大丈夫なのかな？　元気になったのかな？　と考えていた。

東海大学陸上部コーチ、陸上日本代表チーム監督であり、今回の企画の申込先でもある高野先生に挨拶《あいさつ》に行く。大阪大会直後に初めて会った時より、はるかに明るい表情の高野は、朝原選手の現役続行のことで喜びを隠し切れない様子で、

「でも、北京で4継走るって決まったわけじゃないんだよ」

と高野流辛口コメントを発したあと、

「ああ、末續ね、練習始めたみたいだね。挨拶していってよ。大丈夫だよ」

と〝許可〟してくれた。

再び、グラウンドに行き、末續選手がジョグから戻るのを待った。紺色のニットキャップにウィンドブレーカー姿の末續がウォークマンを耳に姿を現すと、「練習中にすみませんが」と声をかけて自己紹介をした。

「あ、本、読みました」

と末續は開口一番そう言って明るい笑みを浮かべた。

「面白かったです。いただいたんですけど、僕、自分で買ってたんですよ。ウチに2冊あります」

意外な言葉にビックリした。進呈したものを読んでもらえるだけでもありがたいのに。嬉しいを通り越してドキマギしてしまった。

また改めて……ということですぐに退散したが、その言葉と笑顔は大きな贈り物として心に残った。すごくキレイな笑い方をする人だ。内側からさっと光るように笑みが大きく広がるのだ。

末續へのインタビューができたのは、それから2カ月後の12月17日だった。パリ世界選手権の２００ｍ銅メダリストで、スター・アスリートである末續は、世間が〝放っておかない〟人物だ。その彼に、なるべく雑音の入らない、より良い練習のできる環境をと所属会社が配慮するようで、まさに箱根の関所のようだった。東京會舘《とうきょうかいかん》の喫茶室で行ったインタビューの席にも、会社の人が三名も同席して、彼の発言をメモしていて、物々しい雰囲気だった。

末續当人は「質問攻めにしてください」と気さくで、決していい記憶ではないはずの大阪大会のトラブルのことも細かく率直に話してくれた。

末續の師である高野進、大学の先輩である伊東浩司、彼をよく知る二人が、口をそろえて真っ先に言うのは、「繊細だ」という言葉だ。

「あいつは人に気を遣うし、サービス精神豊かだから、色々しゃべると思うけれど、ああ見えてすごく繊細だからね……」

大阪大会の直後に、高野は少し心配そうに言っていた。聞かれて話す、末續が普通に自然に行っているはずのことで、自覚しない負担が精神的疲労となって蓄積することを懸念しているようだった。

話したくないこともあるだろうな、とは、つくづく思う。私も取材を受ける側の立場になることがあるが、本はスポーツと違って結果や評価に絶対値がないので、自分は自分と思っていれば済むところがある。それでも、言いたくないこと、聞かれたくないことはある。そして、言葉というものが、思いもしない力で、思いもしない場所をえぐっていき、何かを露出させてしまう恐さがあると常々感じている。

末續は、いつも、「何でも聞いてください」と言ってくれる。この日だけでなく、その後何度もあった取材の機会によく言われた。まるで、私のためらいを察していて、障害物のように私が勝手に置いた石をひょいと取り除いてくれるかのようでもあり、すべての質問者に対する一貫したスタンスのようでもあった。そのうちに、わかってきた。彼はすべてを話すわけではない。でも、話せることは、すべて、きっちりと話してくれるのだ。率直に、誠実に。

――人間の好きな人だなあ。

末續の言動を見聞きしていて、つくづく思う。先輩、後輩、指導者、そして、ずっと距離のある取材者にすら、彼は苦もなく自分自身を注いでくれる。多くはジョークで、時にはシリアスで。標準値をはるかに超える大きな友愛を身内に抱えていて、いつも外向きに発射しているようだ。ひょいひょい投げてくるようだ。それが、暑苦しくも、押しつけがましくもないのが、走り同様、天性のセンスなのだろう。人なつこい、陽気、そんな言葉では表せないくらい、天然記念物的にめったにいないキャラだ、と私は思った。現役のアスリート時代は他者を寄せつけない雰囲気が強かったという、気難しいところのある高野進や伊東浩司が末續を芯《しん》からかわいがるわけだ。

「末續さんのまわりには、いつも人が集まっていて、あの人が調子悪い時も、みんなでしっかりサポートする」

後輩の高平がリスペクトをこめて語る。

末續のまわりに人が集まってくるのは、その愛すべき性格とアスリートとしての実力のほかに、ひとかけらも余さずに自分のすべてを、完璧《かんぺき》な100%をスプリンターとして使い切っている姿勢にあるのかもしれない。一取材者がここまで言い切っていいかどうかわからないが、おそらく、もっと親しく長く彼のそばにいる人たちにも同意してもらえるのではないだろうか。

もちろん、トップレベルのアスリートは、自分の100%を競技に注いでいると思うが、殊更に末續にそのことを強く感じるのは、彼が〝出し切る〟タイプだからかもしれない。試合で末續は力を出し切る。リミッターをはずして完全燃焼した時は、その走りが己の肉体を壊してしまうくらいの出力になる。シドニー五輪やパリ世界選手権では力を出し尽くした個人種目のあとに故障している。練習でも力を出し切る。

「練習で本数をどれだけ走るというより、その中で自分を追い込めるか追い込めないかなんですよ。たくさん走っても追い込めない人もいるんです。自分の中で境界線を引いちゃって、無意識にここまでって。末續さんって、そういうのがないので、〝死ねる〟んですけれども」

高平は説明してくれた。

「末續さんがよく〝死んでる〟んで、東海大学の練習ヤバイって印象が強いですけど、ちょっと違うと思う。確かに量もすごいけど、例えば、代表合宿なんかで同じきついメニューをやって末續さんが〝死んだ〟あとで残ってる人もいるし、量とか耐久力や根性の問題じゃないです」

その東海大学の冬季合宿を見学に行った。12月25日、千葉県の昭和の森、芝生の丘が連なる太陽の広場で、午前10時スタート。

天気は曇り、気温は8度程度だが、あまり風が強くないので助かった。私は重ね着の一番上に白いロングダウンを着こんでコロコロの白クマと化している。

塚原は、前日膝《ひざ》の痛みが出たということで、走練習はせずに補強のみのごく軽いメニューだった。

ダウンとアップ混合の坂道300m×20本というメニューだ。スタートから緩やかに下り、中間は細かいアップダウンのほぼフラット、最後に傾斜のある上り。日本代表女子スプリントの選手たちが、この練習に参加している。四人ずつスタートし、タイムを計る。1着の選手が一つ前の組で次はスタートする。二十数列ある中でトップまで上がりたいという微妙な競争心を煽《あお》るのだという。

「この練習の狙いは持久力。9割が精神的な練習。サバイバルレースで、精神的にタフな人が残っていく」

とスタート地点に構えていた高野監督は、あとの休憩時間に説明してくれた。クリスマス返上の東海大学の冬季練習での定番メニュー。

「去年は検見川《けみがわ》で40本やって、もう人間じゃないと思いましたよ。内転筋もしびれてしまって。この練習の目的は、根性、やる気、達成感」

とメディシンボール投げなどの補強の合間に、塚原から聞く。さすがに、そのきつい練習をしなくていいという安堵感《あんどかん》はみじんもなく、参加できない苛立《いらだ》ちをかすかににじませていた。

「40本はさすがにヤバイってことで、また20になったんですけど、僕は高校3年の時から この合宿に参加してるんで、もう10年近くやってますね」

と末續。

「地面がでこぼこしてるんで、相当負荷が掛かってると思いますよ。最後の上りは、もう〝終わって〟ますよ。10本やって、20分の休みをはさんで、後半が今日は10本だけど20本を超えると、もう体力だけですね。足がつったり、立てなくなったりしますね。自分の限界を見つけなさいという練習ですね」

6〜7割の力で走る練習、一本一本をどう走るかはその人次第。学生たちにとっては技術的なことを云々《うんぬん》するより伝統的な根性練なのだが、末續のキャリアになると目的を設けて走ることになる。20本を10本に減らして、競技にどう生かすか、フォーム的な狙いを決めて走る。一人だけ、スパイクではなく、アップシューズだ。アップシューズは芝生ではすべるので踏み込まなければいけない。わざとそういう負荷をかけて、スパイクに頼らずに走る。

普通に考えて、末續慎吾が学生と同走したら、練習でもダントツ速いだろう。そう思って見ていても、その違いには目を剝《む》いた。ピンのないアップシューズですべりやすいという負荷がいかほどのものかと思う。中盤から圧倒的な差がついて大きな距離をあけてゴールする。そのスピードやリードはさすがという想定内だが、一歩一歩の進み方の違いには驚いた。まるで、一人だけ特注の別の素材で身体が出来ているかのようだ。あまりにも簡単に進んでいく。楽々と行く。ぐいぐいという力感ではなく、すいすいと行ってしまう。まったくブレのない美しいフォームだ。

楽々と走っているように見えて、一人、激しく消耗している。それは、もう、3本目くらいでわかった。走り終わって膝に手をついた。スタートする列はどんどん前になっていき、末續は少しずつ無口になっていった。

短距離の練習は、いつもにぎやかだ。皆、大きな声を互いにかけあい、走る合間には楽しげに談笑している。「この練習はきついので一人ではできない。元気いっぱいで精神的にも勢いのある学生と一緒にやることでできる練習」と末續は言う。その学生のエネルギーの中から末續がふっと脱けだしてしまっているようにも見える。6本目……7本目、走り終えると芝に寝転がった。本当にきつそうだ。それでも、走る時はダントツですいすい、走り終えるとダントツでぐだぐだ、その落差がものすごかった。

10本目は全力走だ。学生たちの目の色が変わるが、末續は同じテンションで駆け抜けたように見えた。

「今年は、ちょっと観点を変えてみたんです。自分の能力の中で、体力は1パーツなんで、それ以外の潜在能力を引き出して高めたいわけです。もちろん、自分の土台として、練習量の多さ、それに耐える気合、精神が必要で、その土台があるからこそ、自分のバリエーションが効いてくると思うんですよ。だから、スプリント、跳躍、ハードル、全員に言えることなんですけど、練習量はもう絶対に必要です。特に若いうちはバンバン走ったほうがいい」

冬季練習について末續は語る。

「僕らには無数の練習方法があるんですよ。足が速くなるための練習方法って、もう山積みされていて、高校生だってできるわけです。でも、ただやるだけだと、それは、もう本当に〝方法〟なんで、誰でもできるんで。膨大な情報の中で、自分に合っているものを探して、それを一番原点に戻って考えてみて、これは本当に自分に必要なんだろうかと」

「色々やってましたよね」

と塚原が言った。

「タイヤ引きとか」

「まあね、色々……。〝方法〟にとらわれないから。練習方法に振りまわされないようにして。できないことをできるようにするのが〝練習〟じゃないですか？　練習方法じゃなくて、練習をしたいんです」

末續が言うのは、どんな練習をするかにこだわるより、練習がどれだけ自分の能力を高めてくれるのかをしっかり見極めてやりたいということだろう。シンプルな考え方だが、意外と競技レベルが上がるほど見過ごされがちなことかもしれない。

最初の10本が終わっての20分のリカバリー・タイム。これで終わりの末續は、代表女子チームのトレーナーにマッサージをしてもらいながら、「痛《いて》え、痛え」と連発している。「背中痛え」「全身痛え」と。

「怪我も多かったし、いつもマッサージしてもらってるからコツを覚えてくるんですね。反対にトレーナーにマッサージしてあげると、肩揉《かたも》み上手ですねと言われます」

こちらはどうも「お邪魔してます……」という遠慮が抜けないのだが、末續は練習の合間や前後に取材を受けることに慣れているようだった。1週間ほど前、喫茶室で〝きちんと〟取材した時には、質問に対して過不足のない端正な受け答えがいかにもトップ・アスリートらしく、どこか外向きの顔を思わせたが、この日は実にフランクだった。まとまった、少し掘り下げた話を聞くには、やはり一対一のほうがいいが、末續はそばにアスリート仲間がいると実にくつろいだ様子を見せ、素の言葉を聞かせてくれるようだ。しきりに塚原をイジリながら、まわりのOB選手たちとぽんぽん会話しながら、同じような調子でこちらにも色々と話してくれる。

冬季練習は、10月後半から開始し、11月までが準備期間、原点に立ち返って色々考えながら色々試行して、12月から本格的なトレーニングに入っている。2週間やって1週間休むというサイクルにして、メリハリをつけている。時間も一日7、8時間走ったら、翌日は4時間に落とすという強弱をつける。今年の冬は長い。豊富な時間を思う存分自由に使って、シーズンを戦える心身を作る。

「今日の300mは超満足。7本目でおかしくなって笑われたけど」

足裏のアイシングが終わった末續は、

「ゴールに行きましょう。面白いですよ」

と誘ってくれた。

学生たちは、坂道300mの後半10本のメニューをがんがん消化していた。さすがに、みんなきつそうだ。ラスト一本、最初に女子、次に男子が走る。全力なのでレースのように盛り上がる。ゴール脇《わき》の末續らOBグループと塚原は、応援なのか野次なのか怒号なのか、すごいハイテンションで声を出している。

末續慎吾は楽しそうだった。心からくつろいでいて、エネルギッシュで、自分のやるべきことをしっかり見据えているように感じた。

東海大学の冬季練習の定番であり、名物であり、すっかり有名になっているのが、通称〝浜練〟、湘南ひらつかビーチパークの砂浜を走る練習だ。毎週土曜日の午前はこの練習だということで、2008年2月23日、見学に出かけた。昨年末の昭和の森にも取材に来ていたテレビ局のスタッフの人、ネットで新聞社のコラムを担当しているライターの人が、来ている。こうしたスポーツ・マスコミの専門家を前にすると、どうも私は自分を場違いに感じてしまうのだが、お二人ともすごく優しい話しやすい方で、色々取材の裏話なども聞かせてもらえて嬉しかった。

このビーチパークでは、ビーチバレーの試合が開催されることもあり、他にバスケット3 on 3（スリーオンスリー）などの設備もある。砂浜にそんなコートが何面も作られていて、幅の広いボードウォークが後方にある。歩くための道というより、ウッドデッキという感じで、暖かい季節には海を見ながら日向《ひなた》ぼっこやランチをしたら気持ちが良さそうだ。

　大学生とOBの東海大メンバーの他に、400mハードルの為末大選手の姿が見えた。冬季の浜練にずっと参加しているそうだ。塚原選手は欠席だった。

　この日は、とにかく、ものすごい風だった。練習開始の10時にはそうでもなかったが、だんだんに強くなり、やがて、その場にいたたまれないほどの凶暴さに変わった。海を正面にして斜めか真横から吹きつけてくる風、南西か西南西の風、風速20mくらいはあるように感じる。それが浜辺の風だ。もう完全な砂嵐《すなあらし》だ。気温は15度以上あり、北風じゃないのになぜか冷たい。まともに目を開けていられない、まっすぐに立ってすらいられない。関東地方の春一番と認定された、この風は、低気圧による嵐として、午後にはさらにあちこちで荒れ狂ったようだ。

　よく走れるな――もう、感想はその一言に尽きた。

　アップのあと、20mの半円の往復ダッシュ5セット、20mダッシュ5本、30mダッシュ5本、それから20m＋30m＋40m＋50m＋60mの全力走を2セット。10mずつ距離を伸ばしていく全力走のあたりから、ひときわ風がひどくなった。

　スタート地点にチームメイトと談笑しながら帰ってくる末續に、機会をとらえて声をかける。この風、大丈夫なんですか？　走れるんですか？　と聞くと、

「走れます。この風、バッチリです」

悪天候に参ったなという苦笑いをしながらも、言葉はきっぱりしていた。

「はい。全力です」

砂浜は、トレーニングをしていない普通の人は、全力で走れない。後方に足を蹴《け》ると、すべってしまって進まない。しっかり踏み込んで一歩一歩前に身体を乗り込んでいかないと、まともに走れないのだ。砂地で大きな負荷がかかるため全力で走っても身体を痛めずに鍛えられ、正しいフォームが身につくという大変有効な練習だ。

この砂嵐の中でも？

「これ、練習になるんですかね？」

とテレビ局のSさんに尋ねると、

「これは、ちょっとねえ……」

と首を傾《かし》げていた。

学生たちは、今日も元気だった。風よけに帽子を目深《まぶか》にかぶったり、タオルを巻きつけてミイラのようになったり、ウィンドブレーカーのフードで顔を被《おお》って強盗のようになったりという異装のランナーが風に負けじと声を張り上げてがつがつ走っていた。

ほとんどの選手のフォームに乱れはない。これだけの圧力の横風を受けながらも、しっかり走っている。スピードや耐久力や集中力に影響は受けるのだろうが、基本的な走りそのものは問題ないのだ。

ランナーは、ある日の練習で、突然何かをつかむことがあるかもしれない。それをきっかけにブレイクするかもしれない。でも、あくまで、毎日毎日の練習の積み重ねの果てに奇跡のようにあることなのだ。こんな砂嵐の中でメニューをこなすこと、それも積み重ねの一コマに過ぎない。

メニューを終えて、選手たちが帰り支度を始めたので、昨年の初夏に対談の仕事で一度お会いした為末選手に声をかけた。ダウンのフードをすっぽりかぶって顔半分隠していた私に怪訝《けげん》そうな目を向けた為末選手に、あわてて「佐藤です」と挨拶するとわかってもらえた。

「すごい天気で……。こんな中で走れるんですか？」

同じ質問をまたぶつけてしまった。

「走れます。走ることは走れます。それは問題ないんですけど……」

為末も明快に答えた。「けど……」のあとは、何か自分なりのテーマを持って臨んでいて、それが未消化なように感じた。東海大のメンバーが全員引き上げていく中で、為末一人が、強風の砂浜に残って走り続けた。小柄な為末だが、力強いフォームだ。

末續がトイレ脇の水道で足についた砂を洗い流していると、高校生くらいの二人連れがサインをもらいにくる。いいですよ、と、靴を履き終えたあとでさらさらと書く。ライターさんがずっと末續について質問を続けている。そのあとで、私も少しだけ質問した。

「こんな風が吹くことあるんですか？」

「初めてですね」

と末續は答えた。

「長いことここでやってますけど、こんなひどいのは初めてです。今日はたいしたメニューじゃないんだけど、余計なダメージがありますね」

すごい日に来たんだなあと妙な感動があった。

目に鼻に口に、全身の隙間《すきま》に砂が詰まっていた。何度うがいしても取れずに、昼食は砂味で食べた。この日、東京西部の学校の土のグラウンドで練習していた中学陸上部の娘は、3回髪を洗っても砂土が取り切れなかったという。

4　裸の心

「僕は次男坊なので、家の中で、とりあえず二番だったんですよ、何でも。兄貴がいたので、何をやっても勝てない。喧嘩も勉強も。兄貴は長男で大事に育てられてるけど、僕はもうコツがわかってるからほったらかしにされてる。だから、自分から、僕はここにいるぞって声を出していかないとわかってもらえないんです」

末續は子供時代を振り返って語った。

「僕、ここにいるよって言ったって、そんなにずーっと手を挙げてるわけにはいかないし、自己証明？　その方法が全然わかってなかった。で、すごいふさぎこんでいる子供だったんです。家の中では、人と話もしないような。親父《おやじ》がそれじゃいけないって、空手を習いに行かせたんですけど、いつも兄貴と喧嘩してるから、同級生なんかボンボン倒せるんですね。7年くらい続けました。で、もう一つ、かけっこが、これだけは小学校レベルでも、すごかった。速かった。走れば、みんな注目してくれるっていうのがありましたね。それで、小学校の頃から陸上クラブに入っていて、中学でも陸上部です。その頃までは、走る意味が、僕を見て！　僕に気づいて！　って、そんな感じでしたね」

人なつこくて明るく、スター選手で、どこにいても皆の視線を独占してしまう、今の末續からは想像もつかない話だ。でも、何か欠けている部分を埋めようとするエネルギーは人を大きく育てることがあるので、興味深く聞いた。

「今でも、そうですね。ここにいますよっていう証明が〝足〟しかない。そのルーツがね、子供の頃から」

末續の高校時代の恩師、禿《かむろ》先生に会いに行った。

九州学院高等学校は、熊本市にあるキリスト教主義の私立高校だ。元男子校だけあり、バンカラな雰囲気で、来客を目にすると、どの生徒も一人残らず恐ろしくきびきびした挨拶をしてくるのが印象的だった。スポーツが盛んで、各部に専用のバスがある。

禿先生は、陸上の長距離の指導者として有名で、短距離は100m、200mのスプリントに絞って勧誘していた（適性によっては400mやハードルへ移行させることもあるという）。

「中学の試合を見に行って目についてスカウトしたんですよ。素材的にピカイチだと思いましたね。ひょろっと細いけど、ものすごいバネがあって躍動感があって。非常に魅力を感じました。早熟型の選手は、早い時期に筋肉ができていて、そういうごっついタイプが速いんですが頭打ちになることがある。末續は非常に細くて、フォームは粗削りだったけど、伸びしろがあるだろうな、と。高1の4月の身体測定で、173㎝、52㎏でしたね。脊柱側湾症《せきちゅうそくわんしょう》だったので、1年くらいかけて矯正しました。骨が細いので筋肉がつきにくい身体ですね。なかなか大きな筋肉はつかないけれど、速く走るのには必要な筋肉がきちんとつけばいいですから」

末續のことは色々取材を受けているので、新しい話はできないですよと断りながらも、丁寧に話してくれる。

色々な高校から勧誘を受け、もう決めているところがあると末續の中学の先生に言われたが、会うだけでもいいからと、禿は強引にアプローチした。おまえはすばらしい素質がある、俺は短距離の経験もないし、おまえを強くしてやるとそういうことは言えないけれど、ウチに来て一緒に頑張って、将来オリンピックを目指そうじゃないか——禿のその言葉に、末續は〝ハマッた〟。他の高校の指導者は皆、俺がおまえを強くしてやると言うばかりで、そのどこか強圧的な態度に反発を覚えたのだ。末續は非常に鋭い感受性と判断力を持っていて、この人と合う、この人が好きだ、とピンときたら、もう迷わない。九州学院高校の禿先生の時も、東海大学の高野先生の時も、即断即決だった。

「走ることについて才能があるって言ってくれたのが、高校の先生なんですよ。僕、そんな才能があるって思ってなかったから。気づいてもらえないと思って人よりたくさん走っていただけなんで。言われて嬉しくて、じゃあ行きますって」

禿が家を訪問したその3日後に、末續はリュックを背負って自転車に乗って九州学院高校に向かう。九州学院に決めたので、今日から練習に来ました、末續はそう言って、12月から入学する4月まで、週5日くらい通い続けた。まだ、生徒でも部員でもなかったが。

「陸上が好きでたまらないって感じでしたね」

禿はふりかえる。

「専門的な陸上の練習というのに飢えていたんですね。中学時代は自分たちだけでやっているような部で、市内で運動場も狭いし、部員も多くない。もっと強くなりたい、速くなりたいっていう、どん欲さがありましたね」

末續とは波長があった、と、禿のほうもしみじみと言う。理屈でなく直感的な部分で、感情的な部分で、お互いにぴったりくるものがあった。

「現代っ子でぽんぽんものを言うけど、本当は非常に繊細で、深く考えるタイプです。ああいう性格を私も好きだから」

中学、高校の頃は、能力があっても指導者と合わなくて伸び悩むケースも多い。そして、陸上競技は、精神面が強くないと大成しないので、内面もしっかり見なければならない。禿が、初めて家に行って末續と話した時、これは内面的な強さが非常にあるなと感じた。その後、長い付き合いになるが、第一印象の通り、あるいはそれを上回る心身の強さを末續は見せて成長し続けていった。

「陸上競技、楽しいなって思ってました。自己証明とかそんなことは、もう忘れてましたね。陸上競技に本当に向き合ったのが、高校時代です。中学で出会う人も高校で出会う人もいると思うけど、僕は高校時代です」

ただ走っているだけでなく、はっきりと自覚を持って競技者となった時のことを末續はそう語った。

「陸上競技の面白さを禿先生に教えていただきました」

基本的な練習が中心で、量も決して多くはない。100m、200mに軸足を置いて、400mまで走るのを嫌がらないようにしたいという指導法だった。100mの選手は長い距離を走るのを嫌がる傾向があるが高校生まではそれはあまりよくない、基本を一番大事にしたい、そこで間違えると、大きくズレてしまうと、禿は考える。

「走れる身体を作るとか、技術を教えるというより、内面的なもの、精神的なものでしょうね。向上心とか闘争心とか、陸上に対する情熱を持続させるというのが、10のうち8を占めると思う。一番心底にある、強くなりたいという情熱を育ててやれば、選手は自分でどんどん伸びていくものです」

高校1年の秋、国体の少年B100mで、末續は優勝する。全日中*には出ていないので、初めて、全国レベルの大会に出て1位になった。

「たぶん、その時、誰も末續が国体で優勝するとは思っていなかったんじゃないですかね。本人はそれで自信をつけたと思いますが、初めて、全国で注目されて、もう負けられないという重荷を背負ったというほうが大きかったかもしれません。私のほうも、この選手をつぶしたらいけないというプレッシャーはありましたね。自分が短距離の経験がなかったから、知識をどん欲に吸収しようとして色々努力しました。その中で出会ったのが、当時、短距離専門の指導者には不評だった高野先生の理論ですね」

今でこそ、高野進の指導者としての名声は轟《とどろ》いているが、その当時、引退後のアメリカ留学でスプリントの新しい走法のヒントをつかみ提唱する彼に、賛同者はほとんどいなかった。日本の短距離に長年浸透していたマック式という腿《もも》を高く上げて走る型とそのトレーニングと、高野の走法は真逆だった。日本人と欧米人は骨盤の角度が違い、腿を上げて走るのは外国人には向いているが、日本人にはエネルギーのロスになる。そのロスをなくすために、腿を上げずに地面に接地した時に返ってくる反力を利用してすり足のように進む走法は、当時、伊東浩司が彼なりのアプローチで成功していたものだが、特別視されていて決して一般的ではなかった。

「私が長距離専門だからこそ、納得し、素直に受け入れて実践できたんでしょうね。2年、3年と、末續に、高野理論に基づいた練習をさせています。そういうこともあって、高校から大学への指導の流れは、末續は非常にスムースにいっているんです」

「あれよあれよという感じだったんで」

と末續は1年の時の国体優勝を語る。

「で、そっからですね。面白くないやって思ったこともあったし。でも、何かやめらんねえやっていう……。ちょっと結果が出て、自分というのは、こういうスプリンターなんだって、その時自覚して、楽しいことがあったり、つらいことがあったりして、競技者としての成長があるんで」

ずっと順調にいったわけではない。2年のインターハイの前、中学からのライバルである宮崎久《みやざきひさし》が当時の高校歴代3位となる10秒28というビッグ・タイムを叩《たた》き出した。禿末續は故障が多く練習も思うようにできない時期だったので非常にあせりを感じた。禿が末續をリラックスさせるために言った「宮崎の先生は短距離の指導で一流で、俺は短距離の経験もない指導者だから、おまえが宮崎に負けても、それはおまえのせいじゃない。俺のせいだ。みんな、そう思う。監督の指導力の差だって言う。だから、おまえは宮崎に負けてもいいんだよ」という言葉は、却《かえ》って彼の闘志に火をつけた。「先生にみじめな思いをさせたくないから、絶対に宮崎には負けけん」その末續の決意を人づてに聞いて、禿は嬉しかった。

インターハイでは、末續はあまり活躍できていない。3年間、出場は果たしているが、注目されるような成績は残していないのだ。1年はまだ力が伴わず、2年は故障が影響し、3年はアクシデントに見舞われた。このアクシデントは有名な話だが、インターハイ前の体育の授業で裸足《はだし》でバスケットボールをやっていて、体育館のガラスに足を突っ込んで10針も縫う大怪我をした。およそ無理な状態で当人が言い張って出場し、100mは決勝に進んだが、200mは予選敗退。

この3年時の不完全燃焼のインターハイから、国体100mでの優勝までの時期が、高校時代で一番精神的にきつかったのではないかと禿は言う。それでも、弱音をはかない性格だった末續に、禿は色々な話をした。

「一見、獰猛《どうもう》なライオンとか虎《とら》とか、ああいう動物も繊細ですね。末續もそんな感じです。神経質で繊細な部分もあって、大胆なところもある。こいつは強い選手になるなと思ったので、そんなふうに育てていこうと思って、ことあるごとに言ったんです。強い選手になるためには、石橋を二度叩いて渡る慎重さと、もう一つは今にも落ちそうなボロい丸木橋でも俺が渡った後にしか絶対に落ちないから大丈夫だという大胆不敵さと、両面を持っていないといけないってね」

東海大学に進学して、高野進の指導を受けるようになり、2年の時にシドニー五輪に出場。まれに見る逸材が順調に開花したように見えるが、その裏には、アスリートとしてではなく、社会で生きる人間としての、とてつもない試練と苦労があった。

「僕、もう1年しかやらないって決めていたんで。家がそういう状態じゃなくて。1年やって芽が出なかったら大学辞めて働こうって思っていたから」

理容店を営んでいた両親が離婚し、経済的な苦境に立たされていた。1年だけ仕送りを受け、陸上で結果が出なければやめるつもりだった。目標は、2年の時のオリンピック出場。1年でそれが狙える位置まで自分を押し上げられるかどうか。

「とにかく、1年は、通年、必死でやりましたね。オリンピックに出ればなんとかなると思って。早い段階で人生懸かっていたんですよ」

そんな重い内容をいつもの軽い口調で末續は話す。

「イヤー、必死になれば何でも出来るんだなって。一時は、午前3時くらいまで働いていましたね、皿洗いしてました。過去最高、皿を割った回数が多い皿洗い。食べられないからね。お金なくて、たまねぎ1個の時もあった。友達が色々助けてくれました。忘れませんよ」

当時の末續の写真を見ると、「野心むきだしでギラギラしていた」と大学の後輩の塚原が言う。「やってやるぞ、このヤローみたいな」と末續が笑う。

その1年の終わりに、離婚した父が病没する。あらゆる人生の逆風の中、まさに歯を食いしばるようにして、競技者としての末續は成長していく。2000年、オリンピック・イヤーのシーズン、関東インカレの200mで参加標準Aのタイムを突破して、代表が決まった。陸連の強化指定選手になり、強化費がもらえることになり、末續の大学生活、選手生活は保証された。自らの〝足〟で堂々と切り開いた人生航路だ。

「こいつは、いい意味で人を裏切る子だなと思った」

　高校の恩師、禿は語る。

「シドニー五輪は大学2年だから、リレーの補欠で行って、次のアテネ五輪では個人種目で出られればいいなと思っていたんです。でも、見事にそれを裏切りましたからね」

　リレーは補欠ではなく3走、個人種目の200mも出場して準決勝まで進出した。

「一度オリンピックを見てみたいと行ったんですよ。シドニーは競技場が大きくて十一万五千人で満員だった」

　その中で、200mの準決勝のスタートの時、末續からはふてぶてしいような落ちつきを感じたと禿は言う。

「あれが持ち味でしたね。頼もしかったですね。どんな状況の中でも何とかしてくれるだろうという信頼感がありました。そういうのが、ちょっと人並みはずれていたというか。器が大きいというか。今まで見たこともない生徒だったですね」

　2000年シドニー五輪から、銅メダリストとなった2003年のパリ世界選手権までは、末續にとって、競技者として、恐いもの知らずの上り坂だった。年齢的には20歳から23歳。心身ともに、パワフルでエネルギッシュで、前しか見えない。天性のバネ、走る時にはずんでしまい垂直方向にロスしていたエネルギーを、体幹を鍛えることや走法を洗練させることで水平方向に効率よく使えるようになった。

パリ世界選手権の２００３年、５月の水戸国際で１００ｍ10秒03、６月の日本選手権で２００ｍ20秒03のタイムを出した。20秒03は、これまで伊東浩司が持っていたタイムを大きく塗り替えての日本新記録で、その時点での今季世界最高。

あふれ出して自分で止められないほどのスピード、それをレースで制御して抵抗がないかのようになめらかに走り切る技術とフィジカル――これまでで最高とトレーナーが驚いた筋肉の状態、自分と自分の可能性を信じ切る23歳の若い心、スプリンター末續慎吾のすべてが、パリ世界選手権に向かってＭＡＸに整った。

トラック種目でのメダルというのは、本当にはかりしれない価値があるものだ。身体の作りが違う黄色人種の日本人には〝無理〟という認識が世界中に浸透している。２００１年のエドモントン世界選手権で、為末大が４００ｍハードルで銅メダルを獲得した時、それは一つの革命だった。世界大会のトラック種目での戦後の日本人初メダリストの誕生である。為末は２００５年のヘルシンキ世界選手権でも銅メダルに輝き、その力がフロックでないことを証明した。エドモントンの為末の快挙を現地で見ていた末續は格別な勇気と感動を得たのだが、その2年後に彼が成し得たことは、さらに〝日本人にはむずかしい〟勝利だったかもしれない。距離が短くなるほど、ハードリングなどの技術の要素がからまなくなるほど、スプリントで黒人に対抗するのは厳しいチャレンジになる。末續は世界大会のスプリント種目で、日本人初のメダリストとなる。

予選から決勝までの4本のレースを、冷静に熱く、末續は走り切った。そして、誰にも手が届きそうもなかった大きな大きな栄冠に輝いた。世界大会のショート・スプリント(100m、200m)で、決勝に残ることすら、戦前に歴史を遡《さかのぼ》らなければ見つからない。まず、ファイナリストになることが日本人スプリンターの夢だ。400mで師の高野進がつかんだファイナリストの夢、そこに並び、その先まで教え子の末續は上った。彼しか知らない世界を見た。

いい意味でまた裏切られたと、禿は思った。ファイナリストになれればいいと願ったのに、メダリストになってしまったと。

「欧米人のアスリートにとって、アジア人に負けるというのは、すごい屈辱なんですよ。オリンピックの決勝に出ると、賞金を稼ぐためのグランプリ・レースの出場権が得られるので、プライドだけじゃなく、生活、金銭面の戦いにもなる。その貴重な椅子《いす》の一つをアジア人に譲るものかという欧米人の意識はすごい。世界選手権でも、アジアを敵視、蔑視《べっし》する意識は強い。パリ大会の決勝で、八人のうち七人が黒人だったけど、あの時のマークはすごかったと思う。みんな末續をつぶしにきた。もう格闘技と一緒ですね」

その中で3位になった。勝った。

「パリは行かなかったから、フランスから電話がかかってきて。あいつは、そりゃ喜んでいましたね。私は、まだ、銅メダルじゃないかって言いましたよ。人ができないことをやれ、もう一回メダルをとれ、そうしたら引退していいよってね」

禿は高校時代から、ずっと、末續とそんなやりとりをしてきたようだ。ジュニアの頃は、結果を出して注目されると、どうしても〝天狗《てんぐ》〟になってしまいがちだ。末續は性格的にそういうところはなかったのだが、それでも、禿はいつも勝利に水をさすようなことを言い続けた。

「あいつから、10秒03で走りました、20秒03で走りましたと言って寄こすわけです。そうすると、おまえ、たった200mを20秒もかかるとはどういうことだと。じゃあ、先生、何秒くらいで走ればいいですか？　そりゃ、おまえ、19秒くらいだぞ、1万mもあるわけじゃない、たった200mだ、19秒で走れ、バーカ」

そんな恩師の憎まれ口に、末續はわかりましたと答えるらしい。もう自分の手元を離れた末續に禿がしてあげられることは、彼が背負っているプレッシャーを少しでも軽くすることだという。大きなことを成し遂げた時に、その成果の輝かしさから、責任という重さを取り除くような会話をする。そのあうんの呼吸は、気の合う師弟として、高校時代から培ったものだ。

「私は高校生の指導しかしていないけれど、自己中心的で周囲を無視して自分のことだけを考えるという、そんなタイプが強くなることが多いです。逆に、非常に協調性があって、悪いことばかり考えがちなタイプは勝負に弱い。末續は、その両方のタイプのいいところだけを抱えているんです。非常に珍しい選手です。ふだんの日常生活や学校生活では、協調性があって明るくて素直で、先生、同級生、上級生、下級生、皆に好かれる。それが試合になると、野獣のように大胆になる」

そんな末續だが、24歳で迎えるアテネ五輪を境に、選手生活は厳しいものになるだろうと、禿は予見していた。末續が20歳のシドニーの頃からだ。アテネまでは勢いで行けるが、それから先は、本当に人間としての精神的な成長がないと、もう一皮剝けないだろうと。そして、人間の器を大きくするために読書を勧めたという。

末續が、アテネ五輪を200mで戦っていたら、というのは、多くの陸上関係者やファンが一度は考えてみたことだろう。末續は、アテネでは、100mへの挑戦を選択した。陸上の花であり、スプリントの原点である、100mだ。師の高野も同じ考えだった。

「一度、100mをやらないと、200mでも、あの先は行けない」

と末續は語る。200mでの世界選手権のメダル、そして20秒03のタイムの先だ。

「ずっとあのまま200mだったら練習のやり方もわからなかっただろうし、ずっと誰かの手を借りてやっていただろうし。結果的に遠回りだったはず。色々な失敗もしましたけど、ここまでに100mの練習をしていてよかったと思います。この後も続くわけですから。本質的に弱気な姿を見せなければいい。とにかく、ずっと攻めているから。逃げてるヤツはすぐにわかると思うんですよ。朝原さんも逃げてないじゃないですか」

結果的に、アテネ五輪の100mは〝惨敗〟した。二次予選敗退だが、パリの栄冠のあとだけに、マスコミをはじめ国民の期待が大きかったぶん、派手な負け方に見えてしまった。

当時はほとんど公にされなかったが、アテネの直前に末續は外反母趾《がいはんぼし》を患い、親指が腫《は》れて靴が履けないほどの状態だった。

「急になったんですよね。すごい練習したんですよ。痛いなんて、そんな恥ずかしいこと言えないじゃないですか。言えないし、痛えし。テーピングでガッシガシに固めて、スパイクで思いっきり締め上げて。試合前に1発麻酔打って、走って帰ってきてもう1回打って。麻酔を打っても効かなくなって折れてるんじゃないかと思ったけど、走れるから。アドレナリンってすごいよね。あれくらい痛いと死にますね」

この話を聞いた時に同席していた塚原が、

「僕らの状況って、歩けなくても走れますよね」

と言い、

「本当に走れなくなって初めて表に出すと思うんです。それまでは隠しますね。外から見てわからないように、ぎりぎりまで隠します」

と高平が言った。

「見せたくないですね。これは絶対に。恥ずかしい」

と末續はうなずき、短距離陣全員、「実は怪我をしていて」とは言えないタイプだと断言した。

それほどのアクシデントに見舞われていたのなら、アテネの100mの結果が思わしくなくても仕方がないんじゃないかというのは、どうも素人考えのようだ。

200mで大きな成果を成し遂げたあと、100mに挑戦して、

「やっぱり、はあダメだったわーって思って。スプリンターとしてはまだダメだったと。それぐらいの力の差を感じたんでね。足のアクシデントとは関係なく。普通にやっても。こいつらに勝つには、もう少し自分に時間が必要だと思った。何をやっても、結局は不安が残るっていうか、とてつもなく何かデカいやつ。なんて言うか、やったことのある人間しか、これはわからないと思うんですけど……」

記憶と言葉を噛《か》み締めるようにして語った。

「その場に出て行ってナマで感じること。それって本当に感じるべきだし、日本人としてそこから目を背けたら、結局、本質的に勝てないし。もっと（レースの）距離を延ばしてみてどうこうって問題じゃない。日本人のスプリンターって足が速いねって一生言

われないと思うんですよ。だって、走ってみて思ったでしょう?」

最後の問いかけに、塚原が神妙に「ハイ」とうなずいた。

「みんな感じていると思うけど。あのね、(黒人選手は)エライ速いですよ。とてつもなく速い。だって、あの朝原さんのように35歳までやっていて、彼ほどの選手が完全に対等には戦えない。朝原さんが毎年毎年やっている姿を見ているし、彼も諦《あきら》めないで、ずーっと35歳までやってるから、僕らも諦めないでやるわけですよね。絶対、諦めちゃいけないと思うんです」

パリ以降のことに水を向けた時、一瞬、末續の目が泳いだ。それから、外反母趾の話を皮切りに最初は激痛について軽快に語っていた彼の言葉が、少しずつ重く厳しくなっていった。

禿は語る。

「パリで頂点に立って、アテネでどん底に落ちた。あそこから第二章の始まりでしょうね」

高校の師も〝どん底〟という厳しい表現をした。

「基本的に身体能力に差がある黒人と一緒に100mを走って、末續も俊敏さとか、そういうところで太刀打《たちう》ちできると考えていたと思うんです。ところが黒人選手との圧倒的なパワーの差を突きつけられた……ということなんでしょうね」

末續は、決して、大げさな言葉や暗い表情を表したわけではない。強い決意に満ちた前向きの言葉を彼はむしろ淡々と語った。だが、アテネの１００ｍで、彼がアスリートとして負った傷の深さを垣間見たような気がした。３年半の月日が流れても、それは、まだ、はっきりと〝生傷〟だった。

傷を治そうとしていないのだろう、と思った。癒《いや》すことも塞《ふさ》ぐことも、気持ち一つでできるかもしれない。ただ、末續は可能性を信じきって戦い、敗れた。いつものように、彼は〝出し切った〟。自分の持つ力のすべてを出せたとは思えないが、スプリンターとしての自分を信じる心のすべてをぶつけて走ったはずだ。彼はそういうアスリートだ。外反母趾のアクシデントも、死ぬほどの痛みすら、この戦いの中では、小さな要因だったのだろう。１％の言い訳にもできないのだ。

自分にとって大切なものであればあるほど、それを守ろうとする。知らず知らずのうちに、どこかで保険を掛けている。前に進むために、逃げ道を用意しておく。言葉や行動に表さなくても、気持ちの上だけでも、空気穴を開けておく。人間とはそういうものなのではないか。多くの人間は……。少なくとも私はそうだ。生き延びるために、進み続けるために。もちろん、絶対的評価のない文字の世界は、スポーツとは違う。ましてや、陸上競技は、数字ですべてが明確になる、最もシンプルで残酷な世界だ。

それにしても、末續慎吾というのは、希有《けう》なアスリートだと私は思った。裸の心を持つアスリートだ。競技場のトラックを、浜辺の砂地を、素足で歩いて感触をそっくり知るように、靴下もスパイクも履かない心で競技に向かっていく。繊細で鋭く多くを知る力のある心だ。より多く知れる人は、より多く喜び、より多く傷つく。どれほど強い心があれば、そんなふうに戦えるのだろうか。修復不能なほどボロボロになってはしまわないのだろうか。彼は――大丈夫なのだろうか？

スプリンターとしての自分の武器は？　という質問に末續はこう答えた。

「人よりも強く不安を感じられることですかね」

僕って〝不安がり〟なんですよ、と、取材を通じて何度か聞いた。

「人よりも悩めたりできるから。その悩みが、結局、克服材料になるし。すっげえ悩むんで。ほかはすこぶるポジティブ・シンキングなんで、競技に関してだけなんですけど」

それでも、末續は、本当に長くやっているからこそ口にできる、〝究極の自信〟があるという。

「レースに臨んだ時に、極限は自信でしかない。それまでは不安でしょうがない。自分に期待をしているわけでしょ。だから不安なわけですよ。それをまともに見れるかどうかがセンスだと思う。メンタル・トレーニングで不安をなくしましょう、みたいなのは無意味でしょう。変にこれ大丈夫みたいに思っているとダメ、走れない」

日本代表クラスの選手は、絶対どこかに不安を抱えていると末續は言う。ハードラーの為末大を〝究極的に不安材料を抱えた人間〟と評する。彼の強さはそこにある、だからどん欲に上に行けるんだと思う、と。彼はすごく弁が立つから、みんな納得させられているけど、と笑った。

「不安があって解消しようということは、やはり、上り詰めようと思っているわけじゃないですか。新しいものを見つけて行こうというのは、やっぱり不安があるし。人のあとを追いかけるのは楽ですよね」

先頭に立つトップ・アスリートの抱える不安は、また違う意味で重いようだ。

「対自分ということになった時ほど、恐いし、不安だし。違う自分を求めるっていうことが、とてつもなく不安なわけですよ。できないかもしれないし。そこを悩みきれば……」

末續はセンスがいいとよく言われる。後輩の塚原からも「あの人は陸上センスのかたまりですよ」とリスペクトされる。天性の勘の良さ、発想の卓越さ、抜群の理解力、感覚を動作に具現化していく能力、そういうすべてをセンスと呼ぶのだろうが、先輩の伊東浩司に言わせると、「センスで片付けられるレベルじゃないんです」となる。

「末續は苦労していますから。一番苦労してる選手かなと思います。一時、色んな試行錯誤をして怪我がつきものでしたし。末續とか朝原のように、記録が自分より先にいない子、パイオニアって言われる人は、自分でトレーニングを開発していくわけです。自分で努力して作り上げているものがはるかに大きいんです」

自分のことを〝強い〟と思っていた、でも、そうじゃない、もっと〝弱い〟、そういう弱さや不安があることで〝強く〟なっていっている、と末續は考える。

「試合前、末續さんが不安でない顔なんて見たことないかも」

冗談か本気かわからないような調子で高平が言う。

その不安を末續は、見極め、共存し、エネルギー源にし、前人未踏の道、対自分の戦いに挑む。

「簡単だよ。全開で行けば」

と彼は笑うのだ。

一番印象に残る試合について尋ねると、

「パリの時が一番よかったんですけども」

と答えたあとで、

「試合を通じて、一選手としての理想みたいなものを追いかけないほうがいいかもしれないんですね。理想が高いと、型にはまっちゃうんですよね。こうなりたい、こうなるために何をしようっていう型に」

落ちついた口調で、話を大きく深く広げた。

「もちろん、俺ら、数字があるんで、数字が指標になるんですけど、それは置いておいて、実際走る時に頭の中に残っているのは感覚で、このへん何秒で走ったとかいうものじゃないんです。今、すごい走りだったたって自分で驚いているような感覚って、自分の想像以上のことをやってるわけじゃないですか。限界を超えるわけじゃないですか、その瞬間だけ」

2004年アテネ、2007年大阪、そうした厳しい試練のあと、末續は走ることについて根源まで突き詰めて考えていくのだろう。

「こういう走りをしたかったり、こういう選手になりたいということがあったんです。もちろん、そうやって洗練させていくことも必要です。だけど、それだと、エネルギーが塞がれちゃうんです。想像ができちゃうというか」

朝原からも同じ言葉を聞いた。自分の想像を超える走りをしたいと。

「理想を求めるほうがポジティブに見えますけど、そんなの取っ払って、一陸上競技者、短距離走者として突っ走るという、もっと、こう、毎日、毎日を全力でやる、予測や想像をしないでとことん行く——そのほうがスケールが大きいと思うんです」

「大きいですね！」

私は心からうなずいた。

次元が違う、と、思った。

考え方の、物の見方の深さが違う。

そして、裸の心は、傷を癒さないままでも、なお、柔らかく強靭なのだと、深く感動し、安堵したのだった。

「生物学的に見ても、瞬発系の種目は25歳が一つの境目というふうに昔から言われています。オリンピックの優勝者を見ると、30歳前後が多い。身体的には徐々に下っていくが、精神的、技術的には充実していくという20代後半はアスリートとして最高の時期になるのかもしれません」

禿は語った。

「末續は北京五輪の時、28歳。身体的には、20代前半とはちょっと違うなと、疲れの残り方が違うとか色々あると思います。本人は言わないでしょうけど。それでも、もちろん、アスリートとして、心身共に充実した年齢です。集大成というオリンピックになるでしょうね」

5 楽しいから

千葉県印旛郡印旛村《いんばぐん》にある順天堂大学さくらキャンパスは、京成酒々井《けいせいしすい》駅からバスで5分、少し離れたJR酒々井駅からタクシーで10分というアクセスだ。地元以外で、この駅名を「しすい」と読める人はあまり多くないだろう。どちらの線も、成田空港まであと少しだ。北と西に分離した印旛沼をつなぐ中央排水路にぐるりと囲まれ、視野いっぱいにどこまでも広がる平坦《へいたん》な田畑の中に、順天堂大学のさくらキャンパスはある。

「最初来た時は失敗したなと思いましたよ。あまりの何もなさに」

高平慎士はからりと笑った。

「(出身の北海道、旭川の)高校はこんな感じでしたけど、実家はもうぜんぜん住宅街なんで」

順天堂大学は、医学部とスポーツ健康科学部と医療看護学部だけの構成だ。医学部の1年とスポーツ健康科学部はさくらキャンパスで学び、新入生全員がここの啓心寮で1年間を共に過ごす。

寮は二人一部屋、陸上部同士はだいたい一緒で、朝練があって生活時間帯が違うので端の部屋になるのだが、みんな最初は修学旅行気分で共同部屋に集まって、12時過ぎまでわいわい騒いでいたという。講義の情報を交換することも多かったが、全国47都道府県すべてから来ている学生たちの地元ネタがすごく盛り上がった。

「医学部がいるので、僕らからすると正反対の人種というんですか、けっこう面白いですよ。カタイ奴《やつ》もいますし、頭はいいんでしょうが、人間的にはやたら個性的なのが多くて、お医者さんのイメージがちょっと変わりましたね。将来、病院で知ってる顔は見たくないですね」

こんな冗談まがいの話を聞いたのは、2008年2月16日、土曜日。練習見学というのは、よほど事前の連絡をしっかり取らないと、空振りになることがある。私が選手と直接連絡を取れるわけではなく、中に二人ほど入って調整してもらうので、意志が伝わりきらないことがあるのだ。可能なら、しっかり走るきつい練習を見学したいと希望していたのに、この日は、今日は軽めです、と、少し走ってすぐに終了してしまった。2時間以上かけて来て、あらあらというところだが、高平選手は気を使ってくれたのか、2月の寒空の下、ウィンドブレーカーのまま、グラウンドのベンチで、ごく気さくに色々な話を聞かせてくれた。

「昔は医学部だけじゃなくてスポーツ健康科学部も人体解剖の実習があったんです。もう、みんな吐いてすごかったみたいですよ。僕？　やってみたいかな？　スプリンターの人体解剖なら、してみたい。９秒８で走るようなスプリンターの。瞬発力に関係する白筋（速筋）、持久力に関係する赤筋（遅筋）てありますよね。あの割合って、Ｘ線とかでもわからないらしいんです。すごいスプリンターの筋肉がどんなふうだか見てみたいですよ」

お昼でも一緒にと誘ったのだが、家にご飯が炊けているからと丁寧に辞退された。そして、真っ白いきれいなワゴン車を運転して、酒々井の駅まで送ってくれた。

「僕はあんまり車にこだわりはないですね。走ればいいし。インテリアとかのほうが興味があります」

そんな話をしながら。

高平慎士に初めて会ったのは、２００７年10月22日、所属する富士通の幕張《まくはり》のオフィスのロビーだ。入社1年目の高平は、真新しいスーツにきちんとネクタイを締め、モデルのようなスレンダーで小顔のルックスのせいか、会社員にもスポーツ選手にも見えなかった。高平を初めて間近で見る人は、その日本人離れしたスタイルと、どこか垢抜《あかぬ》けた独特の雰囲気に驚くと思う。

クリアーな発声で明快に、個性的な視点で話をする。質問への答えは、曖昧《あいまい》なところがない。話がきちんと伝わっていないと思うと、まったく納得しない。鋭い知性と強靭な意志を感じた。

取材を終えたあと、「スーツ似合いますね。カッコイイですね!」と、思わずおばさんモードで賞賛すると、かなり照れ臭そうに笑っていた。その時は、いかにも、23歳の青年という素朴で爽やかな感じがした。

「ここは吹きさらしだから、いつも風は強いです」

高平はそう言う。さくらキャンパスの陸上競技場は400mトラックの外周に560mの人工芝走路、そして屋根付きの150mレーンも付属していて、第三種公認競技場(タイムが公認される)として認定されている。「去年張り替えたばかりで新しいので、走りやすいっちゃ走りやすいですけどね。練習にはいいと思っています。やわらかいほうがいいですね」

2月半ばということで、冬季練習で量を追う走り込みはかなりこなしている。

「そろそろスパイクを履いて本格的にスピードを上げていこうかなと思っています。例えば、何か10本のメニューをやるとして、これまではアップシューズで、強度、体力面をアップさせることだけを基本としてやってきたけど、ラスト3本はスパイクを履いて仕上げるという練習に変えていきます」

先週のメニューの一例を聞いた。

（２００ｍ＋１００ｍ）×５セット、２００ｍをバウンディング*で行き、１００ｍを歩いて戻って１００ｍを普通に走って11秒くらい。リカバリータイムは15分。２００ｍのバウンディングのダメージがあるので、１００ｍは全力は出ない。その時に出せる上のほうの力で走る。狙いは、２００ｍの強度を高めること。１００ｍのカーブ*で振られないようにという足の鍛え方をした上で、バウンディングによって得られる力を走る中にすぐに入れられるようにという意識を持つ。

５セットやるとかなり厳しく、

「２、３セット目で〝死に〟ますね。そこからもう自分が自分でない。意識が飛んでいる状態。やっているだけというレベルの状態もある。体調がよければきっちり行けることもある。負荷がかからないと冬季練習の意味がないので、自分の身体をいじめるという意味で多めにやります」

この冬季練習は、長く、量を多めに、追い込む練習が多い。北京をにらんでというより、スプリンターとして今の自分に必要な要素を考えて練習を組み立てていく。高平のような日本代表クラスの選手になると、これをやったら絶対に結果が出るという教科書的な練習法はない。自分でとことん考えて手探りでやっていくしかない。

「去年これをやったけどあまり効果が出なくて、今年はそれを削って違う部分を鍛えようかなと、そういう試行錯誤を繰り返していく中で、自分のやれる範囲、キャパシティーが広がっていくんです」

今回、一番変わったのは、本格的なウェイト・トレーニングを取り入れたところだという。

「全部を強化しようという狙いですね。速く走ることに対して、自分の身体がどれだけ耐え得るかという強さを磨きたい」

自らが作り出すスピードに身体が負けてくるからこそ、年間を通じて走れなくなる。春先走れたのに秋口になったら全然記録が出てこないということが起こるのは、筋肉が壊れたり弱ったりするからだと思う。年間を通じて、ずっといいパフォーマンスを続けられるにはどうしたらいいかなというのを考えて、筋肉がシーズンが終わるまで耐えていく力をつけようとしている。

高平の細身の身体は、ウェイトで鍛えても朝原のような大きな筋肉はつかないのだが、それでも筋量を増やして強くしていける。これまで、ウェイトをほとんどやってこなかったのは、どこまで自分にとって意味があるのか疑問だったからだ。

「ふんぎりがつかなかったというか……。まあ、このままやっていたら、結局、日本国内でやっている陸上のまんまで終わるかなと思ったので」

国内最高レベルの選手なのは間違いないが、さらに上の世界レベルを目指すために新しいチャレンジをする。

「身体が変わった感じはありますね。楽に走れるようになったとか」

2日に1回のペースで走練習のあとに1時間くらいウェイトを行う。メニューは変わらず、ベンチプレス50㎏、7回を5セット、アップライトを25㎏、10回を5セット、スクワット60㎏、片足ずつ10回を4セット。メディシンボールで補強をして終わり。気温は6度ほど、強い北風が吹きつけてくるグラウンドで、練習後の身体が冷えないかと心配すると、「大丈夫ですよ」と高平は軽くうなずいた。

見るからに人なつこい末續と違い、高平は一見クールに見えるが、実はとてもオープンな性格で、人とコミュニケートするのが好きだという印象を受ける。会話を楽しんでいる雰囲気がある。語彙《ごい》が豊富で、表現が個性的で、視野が広い。非常にマクロな視野で客観的な物言いをすることがあり、またその言葉がとても率直でハッとさせられる。

高平慎士は、富士通の社員で、活動拠点は、オフィス幕張システムラボラトリ陸上競技部スタッフルームになる。本人の希望で、月曜日の午前は、スタッフルームで電話応対などの仕事をしている。契約期間は1年ごとの更新で、契約が切れたり、競技をやめる時点で、会社は将来をどうするかという本人の人生プランを確認する。富士通での勤務を希望する場合は、会社と相談して決める。

選手であることが仕事。実業団のスポーツ選手として出場しなければならない試合に出ること。従業員の一体化を目指し、社会貢献的ブランドイメージを担うこと。スポーツが目指す健全な社会活動を体験し、広く様々な支援を得ること。

富士通は、いい待遇で、環境が整っているという。

「一般の入社だと、とんでもない倍率になる会社に陸上で入っているわけです。今、陸上選手って形だと、十を満点として十やってくれる会社なんてないですから。僕が思う中で、八後半から九ぐらい、ほとんどのことをやってくれる会社で、理解があります。世界大会に出るレベルでチームとして成り立っていて、大阪世界陸上に五人出てますし」

社会人として、現在の自分のポジションを力強くはっきり肯定した上で、高平は言う。

「僕らの場合、どこでどう転ぶかわからない職でもあります。一発の怪我で選手生命にかかわってくることもなくはないので、人生かけた戦いでもあるなとは思いますよ。その中で、朝原さんが家庭を持ってやっていることって、すごいなと思いますし」

リスクを負った職業だと口にするのだ。

「僕らの場合だと、やっぱり陸上をやめた時どうしようってことがありますね。セカンド・キャリアが整っている職ではないので。それでも、例えば、プロ野球選手なら、多額の契約金をもらって引退後も残っているとかありますけどね」

地味できつい練習の連続に嫌気がさすことがないのかと質問すると、

「いくらでもありますよ」

とあっさり答えた。

「安定を求めるなら、高校卒業して働いていたほうがよかったんじゃないかと、大学卒業してすぐ陸上と無縁の就職をしたほうがよかったんじゃないのかなとか。こんな辛《つら》いことをしていて、結果が出なかったら、マジ、バカみてえだなとか。練習中は楽しいですけども、反面そういうのもありますからね」

その一方で、選手を引退して社会人になっている友人、先輩後輩の思いを背負って走っているという強い思いもある。

「陸上選手としてやってきた人しかわからないこともありますし、その人たちがいたからこそ、自分がここまで残れている部分もあると思うので。普通じゃ行けない世界大会みたいな舞台に自分が代表して行って、何かを共有してもらえたら嬉しいという気持ちはあります。あの大阪みたいな世界を味わえる幸せ、楽しみ、それは、かけがえがないもので、ここまで頑張った人しか得られないと思うから」

高平のこの話を聞いてから、短距離選手が企業にどんな形で所属しているのか、知りたくなった。直接、取材した選手だけなので、わずかな情報にすぎないが、記してみる。

　２００８年に新入社員となった塚原直貴は、高平と同じ富士通の所属で、契約内容も基本的には変わらない。ただ、高平も塚原も母校の大学で練習するので、神奈川県在住の塚原の場合は、一般業務に携わることはない。秋の新人研修は希望して受けることになっている。

　末續慎吾は、ミズノ・スポーツプロモーション部、ミズノトラッククラブ所属の正社員。ランナーをやめてもミズノの正社員であることに変わりはなく、本人の希望に任される。練習して試合に出ることが仕事。ミズノの広告塔として活動する。スポーツメーカーならではだが、商品開発本部からの要請で、新製品開発のためのアドバイスを行う。広報からは、その新製品の発表に同席を求められることもある。シーズンオフは講演活動、陸上クリニック、陸上教室などに出演する。走ることと、それにまつわる広報活動が主な仕事である。末續も、母校東海大学で練習を続けている。

　朝原宣治は、大阪ガス・人事部人事サービスチームに在籍する社員である。シーズン中の試合前を除いて、平日の午前は取材などの広報対応を中心としたデスクワークをしている。午後からは会社の施設である今津グラウンドか、自宅近くの西京極陸上競技場で練習しているが、オフィスへの通勤や練習場所までの移動は公共の交通機関を使っている。引退後は、大阪ガスに残って仕事を続ける予定だが、仕事内容は現在模索中であるとのこと。

大阪大会で4×100mリレーのリザーブを務めた小島茂之は、アシックス・人事総務部人事企画チームに所属の正社員(前勤務先は富士通で転職)。現在、小島のような待遇の陸上部員は一人だけ。平日の午前、人事関係の労務管理の書類作成というデスクワークを行っている。社会人として、人間性、業務能力ともに大変評価が高く、引退後もぜひ社員として残ってほしいと会社が熱望している。会社のある神戸にいる時は、神戸総合運動公園ユニバー記念競技場がメインの練習場、シーズンに入ると母校の早稲田大学を拠点としている。

人気のあるマラソン、駅伝などで、所属企業に大きなPR効果をもたらせる長距離以外の陸上選手は、社会人として競技に専念できる環境を得るのはむずかしい。トップレベルの選手でも、怪我や不振などで長く低迷していると、セミプロのような契約社員の場合は翌シーズンの保証がなくなってしまう。オリンピックを目指すレベルの選手が、そもそも大学卒業後の就職先を見つけることすら困難な時代だ。東海大学陸上部コーチの高野進や、福島大学陸上部監督の川本和久《かわもとかずひさ》は、有望な選手に競技を続けさせるための受け皿として、自ら会社を作り経営している。その経営のやりがいや苦労について、高野の会社のレストラン『ラップタイム』に行った時に色々と話を聞いた。ハードラーの為末大のように完全なプロとして競技をする陸上選手も現れているが、彼ほどの実力と人気がなければ、めったに成り立たないだろう。

「僕を評価してくれたのが嬉しい。自信になります。ありがたいですよね。陸上ができるだけでも幸せなんですから」

と富士通入社を控えた塚原は素直にそう語った。

その傍らで、社の1年先輩になる高平は大きくうなずいていた。

「認められたという意味ではすごく嬉しいです。陸上の競技だけでなく、人間性も見てくれたと思うので」

2月19日、火曜日。やはり気温は6度ほどだが、晴れていて風が強くないぶん、先週より楽だ。私が乗り継ぎにミスをして、予定時間を大幅に遅刻してしまった。もうアップを終えて、走練習に入っていた高平は、この前の土曜日とは別人のように厳しいオーラを放っていた。

去年までチームメイトだった順天堂大学陸上部の面々とにぎやかに談笑しながらの練習だ。同じOBでも、プレーイング・コーチの立場にある年長の末續と違い、高平は外見的にはまったく大学生に溶け込んで見える。でも、やはり雰囲気が違った。真剣な心構えのようなものが、見学者にもわかるようなオーラとしてはっきりと感じられる。そして、走り始めると、高平のところだけ、パッと色が濃くなるように強烈に目がひきつけられる。紺色のウィンドブレーカーにタイツというダークな色彩のウェアなのに。

日本人離れした長い手足が、伸びやかに、しなやかに、軽やかに、すっきりした美しい動きを見せる。ショート・スプリンターには珍しい大きなストライドが力強い推進力を生む。

「僕、カール・ルイスと同じ歩数で100m行ってるんで、あとは足の回転がカール・ルイスくらい速くなると9秒8で走れるって計算になるんですけど、そりゃ無理だっていう」

と高平は笑った。大きなストライドなので、歩数が少ない。それを高速回転でぶんぶんまわしていけば、ものすごいタイムになるわけだ。

「僕は回転が追いつかないと思うんですよ、今の筋力じゃ」

100mに関して、高平はそう言う。

高平の専門は、200mだ。100mも走るが、自分の意識では副種目だという。

「あらゆるスポーツの中で、頂点決めるって言ったら、やっぱり100mかなって思ってしまう」

とあこがれを語りつつも、末續ほどのこだわりを100mに関しては見せない。

「僕のタイプとしては100mじゃ短いなっていうのはありますので。いいところで終わってしまうっていうか。100mのゴールをまたいで、ヤバイ、ここから行けそう！みたいな」

200mが一番自分を表現できる種目じゃないかと言う。100mや400mよりは、世界のレベルの中で、日本が上位にランクできるタイムが出ているし、世界で戦う楽しさを知っているので、いいポジションかなと思っている。でも、200mとあまりにこだわって限定すると、精神的に負荷がかかるので、自分としては、250mを走るイメージを持っている。200mということに対して、ちょっと距離を延ばして練習をやっている。

100m、200mを走るショート・スプリンターである高平に、200m、400mを走るロング・スプリンターにスライドすることを勧める陸上関係者は多い。爆発的な瞬発力が武器になり、そのために強い筋力を必要とする100mより、細くしなやかで優れたスピード持久力を持つ高平のフィジカルは、400mに向いているというのだ。高野進は自分の持つ400mの日本記録を塗り替えるとしたら高平だと言い、高平が中学、高校でハードルもやっていたことから400mハードルなら金メダルも夢じゃないと現役トップ選手の為末が熱烈に勧めている。

高平は、高校3年の時、まったく専門練習をしていない400mで国体を優勝している。100mから400mまで走れるオールラウンダーというのが、高平のキャッチフレーズ的なものになっているが、当人はひどく嫌がっている。400mにも面白さは感じるが、やはり、ショート・スプリントにこだわりがある。

２００ｍ――あくまで彼はそう言うのだ。

練習メニューは、「サン、ニイ、イチ」と呼ばれている、（３００ｍ＋２００ｍ＋１００ｍ）×５セットだ。筋の持久力と負荷に対して耐える力を養うという意味を持つ練習だと高平は説明してくれた。３００ｍは、しっかりとしたフォームで長く走ることを続ける。２００ｍはスピードが上がった時に耐えられる感覚を得る。１００ｍは総合的に走るということを集約する。５セット全部行うことで意味のあるメニューなので、スピード・レベルは最後まで走り切れるぎりぎりの速さとなる。

順天堂大学陸上部の学生と一緒に四人ずつ２グループでバックストレートの入口付近からスタートして、まず３００ｍ。２セット目までは楽に走る感じで、学生たちと談笑しながら、２００ｍのスタート地点にゆっくりと歩いていく。専門の２００ｍが学生たちと一番大きな差がつく。学生たちは皆スパイクだが、高平は追い込む練習のためアップシューズだ（昭和の森で見た末續と同じだ）。ゴール地点から１００ｍのスタート位置にウォークで戻り、１００ｍ走。

３セット目が終わるあたりから、練習のきつさが見学者にも見えるようになる。リカバリー・タイムで膝を立てて仰向けに寝そべり、まったく無言になる。４セット目は、３００ｍのあとすぐに移動せずにグラウンドに座り込み、２００ｍを走り終えると両手両膝をついて、しばらくじっとしたまま。100mのスタート地点に戻る時は、普通に歩けずに途中で何度も止まり、座り込んで動けなくなった。100mを走り終えると、膝をついて頭を抱えるようにして苦痛に耐えているようだった。もう完全に限界というふうに見え、歩くことも困難な状態で5セット目を走った。300mも200mも100mも、フォームの乱れもなくきちんと走っている。なのに、その間のウォークはまったく歩けていない。前に塚原が「俺ら歩けなくても、走れますから」と言っていたことを、まさに目の前で見た。

きつい練習なので、学生たちもつらそうだったが、高平ほど〝死んで〟いる様子はない。末續の練習を見た時も思ったが、まったく陸上を知らない人が見たら、末續や高平が「一番ダメじゃん」と思うかもしれない。「なんで一番バテてるんだよ」と。追い込む——というのは、そういうことだ。陸上をやっている人には常識でも、未経験の人にはわかりにくい。

「きつくしようと思ったら1セット目から〝死ぬ〟ことは可能です。練習の目的によって追い込み方が違ってきます」

と高平は説明してくれた。この日の練習については、後日、質問メールへの返信を会社から転送してもらう形で説明してもらった。練習後は、まったく話のできる状態ではなかった。

そういうきつい練習を見てみたいと思った。邪魔じゃないかなという申し訳ない気持ちがありつつも、やはり、実際に見てみないといけない気がした。そして、実際に見て、却って、〝わからない〟ことを痛感した。

これまでの冬季練習での流れがあるので足が重い、という体調で、練習によって生じる苦痛は、身体が重い、苦しい、吐き気……。

限界近くまで苦しそうな姿を目の前で見ても、言葉で説明を受けても、私は〝わからない〟と思った。いや、少しでもわかった気になってはいけない、と思ったのかもしれない。冬季練習は1年のうちでもハードな練習を行う時期だし、その日のメニューと取り組み方はかなりきついものだったと思う。それでも、これが、高平の〝日常〟なのだ。毎日のように、様々なレベルの厳しいトレーニングを積み重ねて、〝絶対〟という保証のない目標達成と夢の実現に向かうのだ。

その膨大な努力のひとかけらを見ること、それを言葉で記することに、大きな意味はないだろう。何かわかったふうなことを書くためには、陸上競技をよく理解した人間が、選手の冬季練習を何カ月もフルに追いかけて見ないといけない。そんな絶望感にひたりながらも、やはり、貴重なドキュメントに立ち会わせてもらったというすがすがしさは消えなかった。シーズンインして、試合の中で、すばらしい走りとなって実ることを祈るのみである。

ちなみに、高平は〝練習に強い〟ことで有名な選手だ。

「僕らとちょっと違うのは、練習に対する恐怖心というものをあまり持っていないんですよね。身体能力が高いんだと思うんですけど」

と塚原が高平について語る。

「例えば、３００ｍのタイム＊・トライアルを３本やるとして、さあ行きますって時、なんか距離に対して、ある程度の恐怖や緊張みたいなのがあったりするんですけど、高平さんはもうそれ以上に設定タイムのもっと上を行けるって自信に満ちていて、すごいんです」

「一緒に練習すると、いやになっちゃいますよね。すごい、いつもラクそうなんですよ。走っていてもね。しかも、スピードが出てて速いという選手なんです。だから、練習のパートナーとしては最悪です」

と朝原は笑った。

「いくらやっても疲れない感じなんですからね」

自分がどう変わっていくのか楽しみ――と高平は言う。自分がどういう特徴でどういう走りをしているから速いんだとか知ることが何より面白い。自分を知り、そこから考え、練習を重ね、変化を知り、また考える、その過程が楽しい。

「練習しているのが楽しいですね。こんだけ疲れたら、人間って走れなくなるんだな、とか」

そういうのが楽しいんですか？　と思わず問い返してしまったが、

「はい」

と高平は涼しい顔で笑った。

「同じメニューをやっていても、この人はこのレベルで走れなくなるんだ、末續さん、また吐きに行ったよ、とか、倒れてるし――、とか」

どこまで冗談でどこまで本気なのかわからないが、ややブラックな高平の言葉に、陸上の短距離選手って、実は究極のSであり、同時にMであるのではないかという感想を抱いた。

ほかに楽しいことがあったら、いつでも陸上はやめる、と高平は公言している。あまり、陸上選手の口から聞かないタイプの発言だ。

「これまで、ほかに面白いことがないわけじゃなかったけど、陸上のほうが全然楽しいし」

と高平はマイ・ペースな雰囲気でゆったりと言う。

「楽しさは常に変化していっていますね。速く走れることが楽しい――それは根本に常にあることですし、ほかにも楽しさの範囲が広がっていますね」

どんな広がりなのかと尋ねると、

「例えば、自分が速くなることによって、色々な国に行けたりだとか。人の心を動かせたりするとか。大阪の長居スタジアムを満員にすることができたりとか。そんなことがプラスされた楽しさや嬉しさ、反面、プレッシャーもどんどん強くなるし、達成できなかった時の悔しさも大きくなってきていると思うんですよ」

6 リズム

高平慎士は、小学校の時、全国大会の100mで7位になっている。

「旭川の少年団にいたんです。その頃から見てるんですよ。当時は身体が小さかったんですよ。小さいのに、チョコチョコチョコチョコチョコとものすごく速くて、目につくものがありましたね」

旭川大高校、元陸上部監督の斎藤登世彦《さいとうとよひこ》は、懐かしそうに語った。すらりと背が高く、長い足を伸ばして大きなストライドで走る、今の高平とずいぶん違う。

「野球少年で、全道で上位に入るような強いチームの主力でしたから、中学に入る時に、野球か陸上か迷ったみたいですね。野球をやっていても、いい選手になったかもしれませんね。野球はチームスポーツだから一人の力で結果が出ないけれど、陸上は自分で頑張れば、メダルも優勝カップも獲得できるんだと僕は説得しましたね」

朝原の高校の恩師の大林も、似たような説得をしていたので、あるいは、〝殺し文句〟なのだろうか。

高平の中学の陸上部の顧問の森雅則と北海道の強化委員を一緒にやっていたこともあり、斎藤は高平を子供の頃からずっと見守り育てていた感がある。

旭川大高校の体育コースに高平は入った。陸上、バスケット、バレーボール、体操、サッカーなどと種目ごとの体育教師が専門的な指導をしていて、運動能力の高い部員だけのクラスがある。

中学入学時は小学校の延長的に１００ｍをやり、２年からハードルを始めて全国大会で４位になった。高校でも１１０ｍハードルを続けていたが、だんだんとスプリントのほうに磨きがかかり、２年のインターハイでは１００ｍで３位になる。そして３年で、インターハイ２００ｍ優勝、１００ｍ５位、国体の４００ｍ優勝という、華々しい活躍で、オールラウンダーなスーパー・スプリンターとして注目を集めた。

長い冬の間、雪に閉ざされてグラウンドを使えない北海道の選手は、練習環境において当然ハンデがある。

「僕の地域は、半年走れて、半年走れないと考えたほうがいいと思うんです」

と高平は言う。

「当時はハンデだと思いたくなくて、そういうふうに考えませんでしたが、今になるとハンデだと思います」

「絶対にハンデなんですよ。でも、そう考えたら強くなれないから、合宿をやるチャンスを設けたんです」

と斎藤は語った。

「12月に高体連の合宿、1月に旭川陸協の合宿、3月に北海道の強化合宿というふうに。沖縄などの暖かいところで、たくさん走れます。それで、北海道に帰ってきた時に、充電期間として、自分の身体をじっくりケアしつつ、必要な強化をする。メリハリがつきますし、道外に出て旅行気分でリフレッシュもできる。故障が少なくなりましたね」

「〝早咲き〟っていうんですか、中学、高校で、身体が出来上がって、やることはやってしまったみたいな選手って、成長が止まってしまうことがある。そういう意味で、たまたま北海道に生まれて、否応なくゆとりのある環境にいて伸びしろがあったっていうのは幸運なのかもしれません」

と高平。

棒高跳の棒のグラスファイバーのようにしなって反発力のある、反面、敏感で一つ間違うとバリッと壊れるガラスのような筋肉だった——と斎藤は言う。

「ものすごく神経を使いましたよ。他の選手と同じようにやったのではダメだなと、怪我をさせてしまうと回復がむずかしいだろうと。あの筋肉で走れる身体を作らないと思って、ウェイトなんかはさせませんでしたね」

大きな故障のない選手、というイメージがある。

「怪我する前にわかるんで」

と高平は言う。

「これぐらいやったら怪我するなというのは大体見えてしまうんで」

その直前で練習を止《や》めるのだが、そのことが、トップ・アスリートとして一つの壁を踏み超える時にいいか悪いかはまだ疑問なところだと言葉を続けた。

「踏み留《とど》まらないでリスクを負ってまで自分の力を伸ばすのがいいことなのかというのは、まあ、正解はないので。自分の中では、怪我をしないのが一番いいというのがやっぱり頭にありますからね」

高校時代から、練習メニューは自分で考えていた。

「陸上部自体が自分たちでメニューを組んでいるってタイプの部だったんで。先生は主に環境を作ってくれる、部がやりやすいように動いてくれるという感じでした」

そのことで、斎藤先生と大きな〝ケンカ〟をしたことがあり、高平の選手生活の中で、一つの転機となった。高平が入部する直前まで短距離、投擲《とうてき》の現役選手だった斎藤は、それから指導者に専念して勉強したこともあり、いささか強引なところがあった。部員たちに自主性があり、それを大事にする部だったので、全員一律に押しつけるようなメニューや指導に対して、大きな反発があった。その先頭に立ったのが高平だ。他の先生が驚くような断固とした遠慮のない抗議をしてきた。斎藤は受けて立ち、徹底的に話し合いをして、最終的にはいい形で和解した。部は選手の個性を殺さない、楽しく練習のできる環境になり、斎藤は指導者として、いい勉強をさせてもらったと感謝した。目上の人でも、大人でも、とことん主張して理解してもらえば、現実が変わることがあると、高平にとっても貴重な経験だった。

「先生とそれですごく仲良くなって、陸上に対する楽しさがまた芽生えました。そこまで主張するからには、自分で責任を持ってちゃんと強くならないといけないと思いましたし、逆に先生に感謝しなければいけないという思いにもつながりました」

順天堂大学に入ってからも、高平のその気質は変わらず、納得のできないことには、とことん抗議をした。普通に会話していても、彼が〝正しくない〟と感じたことには、きっちりと〝エラー表示〟をしてくるので、その曖昧さを許さない鋼鉄のポリシーには目を見張るものがある。

「高平さん、意外に冷めている部分もあるんですけど、えっ、なんでそんなところが？

っていう熱さがある」

と塚原が笑いながら言っていた。

色々なことにこだわって戦っていくレジスタンスはエネルギーを使って疲れるのでは？　と高平に尋ねると、

「でも、僕は逆にそれが楽しいというか」

と軽快に答えた。

「別に負担じゃない。自分のいい環境を作るためだから。陸上をやる上で、理不尽だなとか不利益になるなと感じたことに対してしか言わないので」

今回の取材を通じて、何人ものスプリンターと話す機会を得たが、どの人も、恐ろしく頭がいいとつくづく思った。物理学的に難解なスプリント理論を頭に入れて、自分なりに工夫してアレンジして、または新しく生み出して——そんなことがやれるのは半端な頭脳ではない。でも、そういうことより、マクロとミクロの思考の使い分け（物事を大きくとらえて俯瞰《ふかん》するか、顕微鏡で調べるように細密に検証するか）、様々な状況判断、言葉の選び方など、現実に即した有用な知性をふんだんに持っている。生まれ持った肉体とエネルギーを完全燃焼させて優劣を競うように見えるスプリントだが、あるレベルを超えると、フィジカル以外の多くの能力が必要とされるので、〝頭がいい〟などは当り前なのだろう。

そして、高平慎士は、トップ・スプリンターとして、よく切れる頭脳の刃の尖《とが》った角度が少し変わっている気がする。心持ち、斜めに切れるような……。斜に構えているとかヒネているとか、そんなことではない。言葉も気性も非常にストレートで率直。礼儀正しい好青年だ。ただ、彼は自分自身の目で物事を曇りなく、誤りなく、見定めたいと願っているようだ。そのこだわりが、スポーツマン的でありながらも、すごくスタイリッシュに感じられる。自分自身を出来る限り、正しく深く知る。自分の今いる状況をきちんと理解する。ミクロの目と、マクロの目で。

「自分で自らやらなきゃいけないことを、誰かにやらされてやるようではダメだなと日頃から思っているんで。やらされて楽しいことか身になることって、ほとんどないと思うんですよね」

高平慎士が、はかりしれない潜在能力の持ち主だという一つの証明のように語られるのが、トム・テレツの存在だ。カール・ルイスやリロイ・バレルのコーチとして名高いアメリカの名伯楽。そのトム・テレツが、高平をまれに見る逸材と認めたのだ。

高平が高校3年の時に、アンダー23という、大阪、北京に向けてジュニアを育成するプロジェクトが始まり、そのメンバーに選ばれて、アメリカでの強化合宿に参加した時に、縁があって、テレツと知り合い、翌年から毎年指導を受けられるようになった。指導者の鑑《かがみ》、神様――高平はそんな言葉でテレッを形容する。

「陸上に対する考え方が、すごく熱いですね。この人が指導者だったらいいのになというようなところをすべて持っている。すごく楽しくやれるのですよね。この時間を大事にしようって本気で思える」

どんなすごい技術指導を……ということ以前の、根本的なスタンスの部分で、圧倒的に尊敬、感動させられるコーチのようだ。

「彼にとっては、カール・ルイスがオリンピックで9個金メダルを取るという事実よりも、速く走ること、遠くに跳ぶことに対しての追求が上位に来るんです」

結果は後からついてくるものであり、陸上競技のパフォーマンスそのものの向上を目指して、ゴールのない長い果てしない戦いをする。

「君たちは、24時間、陸上をやっていても足りないくらいだよっていうような先生なんです」

具体的なアドバイス、技術指導に関しては、最初からすんなり身についたわけではなく、本当に自分のものとして消化するのには時間が必要だった。競技的にはマイナスに響いた時期もあった。それでも、テレッの情熱、言葉、指導の最も根底にあるものを高平は吸収し、ほかでは得られない栄養とした。

「陸上に対する考え方がすごく変わったなということはありましたね。すごく楽しくなった。前よりもっと。こういう気持ちってなくしちゃいけないんだなっていうのを再認識しました。陸上って、こんなに単純なのに、こんなに難しいんだって改めて感じたし、それをクリアしたら自分の楽しみがどんどん大きくなるって気づかされましたね」

アメリカに行くことによって、日本との違いも見えてきた。日本が、その年齢によって、インターハイ、インカレ、日本選手権などと、それぞれのタイトル奪取を一つの大きな目標とモチベーションにしているのと違い、アメリカの選手たちは目指すところがどの年代でもシニアの代表にしぼられている。インターハイ・チャンピオンになることにすべてを賭けて、最終的に日本代表にはなれずに終わったら、選手としてどうなんだろうということを改めて考えさせられた。

アメリカに行くと、高平は初心に戻る。練習に工夫をこらすあまり、なぜ速く走れるのかという一番基本の部分に対する考えが薄くなっている自分に気づくことがある。

「基礎がしっかりしていなければ、上に何を積み上げても意味をなさなくなっていく。基礎となる自分の土台が広ければ広いほど色んなことがやれる。受け皿というか、器というか、そういうのをでかくすることによって、次に進める。ピラミッドみたいに下がでかくて安定して、一番上に最高のものが来るといい」

抽象的な話だが、これ以上は言葉にできないと高平は言った。

「僕はアメリカン・スタイルなので」

この言葉はよくわかった。自己主張がはっきりしている。しっかりした考え方を持ち、それを相手に伝える強い意欲と能力がある。自分をアピールしていかないと、生き残れない。譲らない——それが自分だから。

高平慎士のアメリカン・スタイル。

高平は、大学2年の時、日本選手権の200mで優勝してA標準を突破し、アテネ五輪代表を決めた。彼に言わせると、「予期せぬオリンピック出場」となる。この年は、末續が100mにチャレンジしていて200mを欠場したとはいえ、20歳で日本選手権のタイトル獲得は輝かしい実績だ。

高平はインターハイで200mチャンピオンになった後、今後の陸上人生の夢や計画を思い描いた。大学時代に二度あるユニバーシアードで世界大会に慣れて、社会人1年目の大阪世界陸上、翌年の北京五輪を目指すという青写真だ。一つひとつステップを上がっていくつもりだったのに、一気に頂上に到達してしまった。

「すごく短く感じた1年で、何かに背中を押されたまんま、とんとんと行っちゃってるっていう感じですかねえ。自分で踏みしめて歩いている1年じゃなかったなと思います」

高校時代の有名選手が大学入学後になかなか実力を伸ばせない例は多い。3年目、4

年目に故障やスランプを脱して結果を出してくる選手もいるが、ついに高校時代の記録を更新できないままで終わることもある。大学2年でのオリンピック出場は未績と一緒で、多くの短距離走者の中から抜きんでて、夢を託された一人、ということになる。

この2004年のアテネ五輪から、高平は世界レベルの大きな大会には必ず出場している。

「年間に目標にしている大会は、全部押さえてきていると思いますし、そこで結果が残っているかどうかは別として、その年自分が最低限やりたいことが実現できてない年は、あまりないかなと……」

故障やスランプによる大きなブランクがなく、着実に世界の舞台を踏んできた。その経験の積み重ねが、冷静な性格にプラスされて安定感を生んでいる。4位になったアテネ五輪から、4継のメンバーをずっと務めていることで、代表の常連としての風格も漂ってきた。

それでも、高平は言う。

「一筋縄で代表が決まるとも思っていないので、まず、北京に向けての目標というよりも、自分が日本国内でしっかりとその立場にたてるのかというのが前提になります。ただ、僕が出ても出なくても、短距離としてリレーを組む上では、やっぱりメダルを目標にしてやることに変わりはないと思うので」

北京で追いたい夢は、4継のメダル。

これまでで一番印象に残った試合は、大阪世界陸上の4継の決勝だという。

「一番いいんじゃないですかね、やっぱり。あの大阪の応援は普通じゃなかった。応援レベルでは北京はマイナスになると思うので、その中で、自分たちがどれだけ燃えられるかというのもありますし」

アテネは出られると思っていなかった大会で、出て行って帰って来たみたいな感じだったので、北京はちゃんと出ようと思って、結果を残したいと思っている現実的なオリンピックだという。「リアル・オリンピック」と高平は自分なりの表現をした。

「4年に一度というのが、どれくらい選手の思いが強いのかというのは、やっぱりアテネで痛烈に感じたことですし、実際にオリンピックの競技場に立ったことは、人生観が変わるくらいのすごい経験でした」

ある意味、〝夢〟のようだったアテネから4年、競技者として心身共にたくましくなり、すべてをしっかりと把握し能動的に臨む〝現実〟の北京へ。

個人種目の200mに関しては、アテネ五輪、翌年のヘルシンキ世界選手権、どちらも一次予選で敗退している。大阪では二次予選敗退。3回の世界大会で、まだ、自己ベストに近いタイムは出ていない。持てる力を出し切ったとは言えない。リレーのラップタイムは悪くないから走れていないわけではない。体調が悪いわけでもない。とすると、やはり、メンタルなものも大きいだろうと高平は分析した。

「気持ちの部分で、オドオドしたり揺れてしまう部分がすごく大きいので、個人として結果が残らないです。国内のレースなんかでも、調子悪いと思ってるほうが、結果が良かったりするんですよ。変に力が入らなくていいのかもしれません」

実にバランスよく、クールでホットなメンタルの持ち主に見えるが、やはりレースは難しいのだと今更のように感じた。

「200mに関しては、やはり、19秒台を出すことが夢です」

と高平はきっぱりと語った。

「もちろん、末續さんも追い求めていますし、僕の中では、僕だけでなく、200mやっている人の夢の中に一緒に入ってやっているという感じではいます」

その末續を、朝原を、いつか、超える選手になる、と、高校の恩師斎藤は、高平を信じている。

自分のスプリンターとしての一番の強さ、武器は?

という恒例の質問に、高平は迷わずにすっと答えた。

「いいリズム。走る中でのリズム」

一度見たら強く印象に残る、彼の独特な美しい走りが目前に浮かぶような答えだった。

「選手によって、みんな違いますし。強い人は、みんないいものを持っていると思います。練習とか、トレーニングによってできるものではないので」

生まれつきのもの。速く走ることに適したリズムを、彼は、彼らは、持っている。

「自分の中で、すごく合っている」

自分の中のリズムと、パフォーマンスとして表す走りとがぴたっと合っているとは、どんな幸せな感覚なのだろうか。

スプリンターとしての武器——この質問に対して、身体的な特徴をあげた選手は一人もいなかった。

「例えば、高校生くらいまでのレベルだと、皆で一緒にやる練習が多いので、違いが出てくるのが〝身体〟というほうがわかりやすい。集団で同じことをやっているからこそ、何が違いとして生まれてくるかというと、身体なんですよね。僕らは、数人で同じメニューをやっていても、同じ考えで取り組んでいないので、そういう表現が当てはまらなくなってくる」

高平は説明してくれた。

「朝原さんと僕と比べた時、朝原さんは筋肉がついていて速い、僕は手足が長くて足の腱《けん》が長いから速い、そんなふうには思わないですよね。むしろ、そういう話なら競技者じゃなくてスポーツを科学として研究している人に聞くほうが、わかりやすく答えてくれるかもしれません」

伊東浩司が言っていた。

「やっている選手の口からは絶対発せられない言葉なんですけど、持って生まれた身体の素質というベースが必要なのは、１００ｍだと11秒前後ぐらいまでの話なんです。素質だけで10秒0とかいうのは聞いたこともない。10秒5くらいで走る人はいるかもしれないですけど、そこから先はそれぞれの努力が必要になってくる。速く走るために何をすればいいという正解はないので、個々に試行錯誤していくことになります」

〝素質〟という言葉をどこまで当てはめるかは判断がむずかしいが、あるレベルを超えると、そこからは感覚と努力の世界だということは、色々な人に取材をしていて強く感じた。

リズム――魅力的な言葉だ。

持って生まれたリズム。そして、高平慎士が研ぎ澄ませていって最高のスプリントを作り出すリズム。彼の走りの中に、私たちはしっかり見ていきたいものだ。

7　沖縄の一日

沖縄に行くのは、初めてだった。飛行機に乗るのが、10年ぶりくらいだった。長い滑走路を走って離陸していく瞬間、スプリンターは飛行機のような気分になることはないのかな、と妙な考えが浮かんだ。加速して最高速度に達した時、空に浮かび上がるような気持ちにならないだろうか。飛び立つような感覚に。一瞬後に自分で打ち消した。身体が浮いてしまったらダメではないか！

スプリントの力の向かう方向は、あくまでも地面と平行である。足を地面に接地した時に生まれる力が、垂直方向、つまり空に向かってしまったら、それはただのエネルギー・ロスだ。とぶように走るという表現があるが、スプリンターは、空を飛ぶのではなく、地を跳ぶのだ。彼らは大地に属した種族なのだ。

２００８年3月17日、那覇《なは》空港の中は蒸し暑かった。空港の建物の中から、もう南国の空気だなと思う。短距離代表合宿の取材なのだが、ここまで遠方に来ると単純に旅行気分で浮き浮きしてくる。

合宿地は、沖縄市内なので、近くの北谷《ちゃたん》にホテルをとった。沖縄には電車というものがないので、幾つものホテルをめぐっていく宿泊客向けの無料バスに乗って北上する。40分くらいと聞いていたが、意外と渋滞していて1時間はたっぷりとかかった。

車窓から見る景色は、殺風景だった。沖縄の大動脈と呼ばれ、西海岸側を南北に貫くように走る58号線、那覇市から浦添市《うらそえし》を過ぎるあたりまではオフィス街で四角い建物ばかりが並んでいる。会社、倉庫、パチンコ店、レストラン、洋服の量販店、建物はサイズが大きく、美観に乏しい感じがする。ところどころにシーサーなど沖縄の石像、郷土料理店のぎらぎらした色彩の看板などが土地の情緒を感じさせるが、やはり印象は殺伐としているのだ。時折見える海は曇天のせいで南国らしからぬ青灰色で、ぞろぞろと並ぶ軍艦が目を引いた。

南国リゾートを味わうにはもっと北に、歴史的観光をするならもっと南に、ということだが、この沖縄中部も独特の雰囲気がある。米軍キャンプのフェンスがどこまでもどこまでも続いていく、その広大さを見るだけでも、この土地の歴史の異質さが感じられる。

宜野湾《ぎのわん》は、私が25年ばかりファンをやっているプロ野球の横浜ベイスターズのキャンプ地で、名前だけは親しみがある。このあたりから、家具店、雑貨店などアメリカナイズドされた風景に変わってくる。その宜野湾を北上して北谷に着く。ちゃたんと読む。

ここは観光地だ。美浜タウンリゾート・アメリカンビレッジという観光スポットは、アメリカやアジアのフードやファッションや雑貨の店がひしめく巨大なショッピング・モール、観覧車、風車、競技場、リゾート・ホテルなどがある。異様に白い細かい砂を集めた人工ビーチの海は翡翠《ひすい》のような重い緑色をしていた。今日は移動だけ、取材予定は明日なので、チェック・イン後、ずっとビーチを散歩していた。

黒い学生服を来た地元の高校生たちが、海に流れ込む川で遊んでいる。コンクリートの護岸をよじのぼるためのロープを持ち、岸から3mくらい下の川に飛び降りて、排水溝のような穴にもぐりこんでいる。五人ほど、わあわあ騒いでいるのを、洒落《しやれ》た折りたみ自転車に乗った米兵らしき三人組が面白そうに見物している。

防波堤は鮮やかなペイントが施され、その向こうの海を隔てるテトラポッドにも派手な色の落書きがたくさんある。観光客の姿も多い。大学生らしき女子三人連れと、先ほどの米兵が一緒に写真を撮っている。ノリの良さそうな黒人と仲良く話している女子たち、ナンパかなと思ったが、それだけで別れていった。

風がどんどん強くなる。時折、雨粒が混じる。明日の天気予報は雨だ。無事に練習が見られるのだろうかと不安になる。今日、見学の予定にすればよかったと後悔しながら、暗くなるまで堤防の上で海を見ていた。

翌18日。タクシーで、合宿地の沖縄市陸上競技場に向かう。ここは、コザと呼ばれる地域で、昔から嘉手納《かでな》基地の門前町のようなアメリカン・ビレッジとして栄えてきた。コザ運動公園内の陸上競技場は、代表や大学などの陸上の合宿によく利用されている。この日も、福岡大学の陸上部が練習していて、十人弱の短距離日本代表は、その中に紛れこんで見えた。公共の競技場を使う陸上の練習を見たことがないとわかりにくいかもしれないが、複数のチームが、時には混ざり合うようにトラックをシェアして使うのだ。私は高校生では見たことがあるが、代表チームもこんなふうに練習するのかと少し驚いた（人数を考えると当然なのだが）。

朝から不安定な天気だった。細かい雨が降ったりやんだり。午前10時、気温は22度を超えていて、湿った南の風がかなり強く吹いている。

合宿は、終盤の12日目だった。2日練習、1日休むというペースで、各自のメニューをこなしている。１００ｍから４００ｍの短距離ブロックの参加メンバーは、北京で代表の可能性のある選手たちだ。所属団体や個人のスケジュールや体調の都合もあり、早く帰ったり遅く参加したりとメンバーの入れ替わりがある。大学生、社会人、年齢的には19から29歳ぐらいまでのばらつきがあるのだが、とにかく、皆、仲がいい。短距離代表チームが集まったのを見て、何よりも印象に残るのが、上下関係がわからないほど親しく屈託がない明るい雰囲気だ。同じ部活の同期か、長い付き合いの同級生か、気のおけない親戚《しんせき》みたいだ。アップの時も練習のレストの時も、冗談混じりのにぎやかな会話がたえない。

やはり、見学に訪れていたテレビ局のHさんの話によると、昔はもっとムードがぴりぴりしていたという。現男子短距離部長で元400mハードルの苅部俊二や、伊東浩司が年長者の時は、彼らの練習量が半端でなく多かったので、それに引っ張られる形で皆もガツガツやっていたそうだ。苅部部長に聞いてみると、

「やりましたねえ……」

とため息をつくように言った。

「僕は死ぬほど練習しました。それがいいか悪いかはわからないですけどね」

僕らの時は代表チームという意識はあまりなかった、と伊東浩司は言っていた。近い年齢同士ではそれなりに交流していたが、年が隔たったり、種目が違ったりすると、あまりコミュニケーションがなかったと。今は、末續の世代で色々な種目に強い選手が多いせいもあって、全体にまとまりができてきているのではないか。

今の代表チームは、〝上の人〟が親しみやすい雰囲気を作っているのだと、高平、塚原が言っていた。それはやはり末續の個性によるものなのかもしれない。朝原も昔に比べると、ずいぶん後輩のほうを〝向く〟ようになったと伊東は言っていた。この二人が

主に作り出している雰囲気が、すごくいいもので、居心地がいい、楽しいと高平は言う。

ライバル心むき出しという集団では、僕はやっていけないかもしれないから、と。

「誰かが頑張るとかじゃなくて、全員、頑張らなければならないんです。全員が、一人ひとり」

代表チームのことを末續はそう語った。

「短距離選手は、それぞれ自分のペースがあるじゃないですか。それも必要な要素でもあるんですけど、一番力をつける時ってライバルがいたり、強い選手がゴロゴロいる中に自分がいて、こいつには絶対負けないとかあいつにだけは勝つとか相乗効果というのがあるんです。それが一番高まった時に、全員が力をつけてくると思うんです。〝日本人〞がじゃなくて〝日本勢〞が強いって言われたい。だから、みんなで一緒に強くなりたい」

俺たちはフツウの人間じゃない——という言い方を末續がしたことがあった。速く走れる特殊能力の持ち主だという意味ではなく、来る日も来る日も限界に近いハード・トレーニングを自らに課し、神経がちぎれそうなプレッシャーの中でレースをしていくアスリートであるという意識だ。そんな心身のレベルを長い期間に渡って維持し続けている。結果が出ないこともある。努力の見返りが何もない時もある。それでも、情熱を涸《か》らさずに続けている。そうして一線に生き残っている。痛みも苦しみも喜びも、語らずとも伝わるものがある。彼らにしか理解できないことがある。「みんなで一緒に強くなりたい」と末續が言うのは、安易な仲間意識ではなく、みんな、強くなれるだけのことはしている、という代表メンバーへの血のにじむようなリスペクトなのだろう。

孤独な個人競技であるがゆえに、逆に強い連帯が生まれるということを、私は高校陸上部の取材を通じて知った。新鮮な驚きだったが、やはり、高校生という若い世代の特性のように思っていたのだが、今回の取材で、大学の強豪チームでも、日本代表チームでも、高校生アスリートと変わらないものがあると感じた。走ることが好きだというシンプルな情熱、地味できつい練習に精進《しょうじん》する強い意志力、その中で、情熱と苦痛を分かち合う陽気でパワフルなエネルギー、満開の笑顔、はじけるジョーク。陸上競技の現場というものは、練習も試合も本当にいい世界だ。

小降りの雨の中、練習が行われる。高平は、１５０ｍのタイム・トライアルをしている。末續、塚原、太田《おおた》和憲《かずのり》の東海大出身トリオは、３００ｍを走ったあとで、１００ｍをすり足のようなステップを踏んでいく（挟み込みと呼ぶ）練習だ。末續たちの練習は、苅部部長がその都度ビデオ撮影をして、走り終えた彼らは三人でビデオに顔を寄せるようにしてチェックし、末續が中心になってコメントしている。

「３００ｍって、距離長いんで、走ったあとに身体が思うように動かないわけです。その時にいかに頑張って、ちゃんとしたすり足の動きができるかっていうトレーニングなんです。漠然とやってしまうと、その練習は浪費になってしまうので、終わったあとにすぐ、フィードバックというんですけれど、ここはできている、ここはこうじゃなかったという、自分の頭の中に描いている感覚と、実際の映像を比べて確認する。走り終わった直後は身体に感覚が残っているので、映像でチェックすると、よくなかった点が修正できて、次にはやらなくなる。一番はっきりしていてトレーニングになるんです」

３本やることの効果について尋ねてみると、

「変化が出てきて、次こうやってみよう、次は……という集中力が続くのが、僕はだいたい３、４本なんです」

他の選手のビデオを一緒にチェックしていたことについては、

「独自に持っている感覚みたいなのがあるんで、それはいじってはいけないと思うので、どうなの？　って聞くことが多いんです。明らかに違うことは、そうじゃないと言いますけど。そうしたら、ちょっとこのへんおかしかった、という返しがあるし」

末續は東海大学で、高野コーチのサポートとして学生の指導をしているが、いかにも、プレーイング・コーチらしい言葉だった。

「高野先生もそうですけれども、指導――はもちろん受けましたけど、それ以上に、こうなんじゃないかな、こうだろうって一緒に考えていることが多かったかもしれないですね」

大学での練習と、代表合宿の違いのようなものはという質問に、

「ここでは、選手個々のペースというのがありますね。右向け右ではないですからね。学生は、統率して、組織化して、それでチームで勝っていかなければいけないですけど、代表はチームの総合力の中で、個々の能力なんでね。でも、そこに通じている心というものがあるんです。やっていることは、みんなばらばらですけど、陸上の話になったら大変なことになるというような……」

明るく笑ってそう言った。

「そこが違うなと思いますね。それぞれ個性があって、ペースがあって、すばらしい集団だと思います。僕より才能あふれてるなというヤツもいますよ。そうすると、自分が勝てるところや、自分に足りない部分を探したりしますね。みんな、ライバルですし、僕も目標にされている部分もありますし。でも、いつか、〝食ってやろう〟と思ってる連中と接してることが一番いいんじゃないかな。そんなふうに上を目指していくのが」

その日はやらなかったが、今回の沖縄合宿の前半に取り組んだ4継のバトン練習について苅部部長から話を聞いた。北京で大阪より上を、メダルを狙うために何ができるかということで、日本陸連強化委員の土江寛裕（アテネ五輪4継の1走）の提案があり、

バトンパスを新しい捉《とら》え方で検証してみた。

緑のラインで仕切られたバトンゾーンは、20m、受け渡しはこの中で行われないと失格になる。バトンパスにかかったタイムは、前走者がゾーンに入った時から、次走者がゾーンの終わりに来た時までの20mを計測する。日本代表は、1秒9前後だが、これは世界のトップクラスだ。このタイムが遅いと、バトンパスでのロスがあることになる。

これまで、こうした数値のデータや、選手自身のスムーズに受け渡しができたという感覚が、バトンの成功、失敗として認識されてきたが、ただ、この20mを速く走ってスムーズにつなぐことだけが重要なのかと見直された。20mの中のどこでパスしているか、どんな状態で渡しているかによって、前走者、次走者の１００mの走りに影響してくる。

バトンが詰まれば（受け渡しが近すぎる）、次走者が20mのうちの15mを走っているかもしれない。バトンが流れれば（受け渡しが遠すぎる）、前走者が15mを走っているかもしれない。どちらの場合も、片方に負担がかかり依存することになる。詰まれば前走者が、流れれば次走者が、減速することがある。

肝心なのは、バトンゾーンの20mのタイムではなく、パスの内容であり、その結果として出てくる、前後の走者のラップタイム（受け持ちの約１００mのタイム）だ。つまり、二人が最も速く担当区間を走り切るために必要な受け渡しをする必要がある。

このことを具体的に考えて、バトンゾーンの前後の10mずつをプラスして、40mのタイムを計る。前走者が最後までいい状態で走り切ったか、次走者が万全のスタートダッシュで十分な加速ができたかを、この40mのタイムで検証していく。

「僕の場合だったら、朝原さんにパチンと自分が気持ちよく渡して、朝原さんも気持ちよくもらったと思っていても、その40mは逆に遅いかもしれないんです」

と高平が説明してくれた。

「自分たちの感覚とバトンをつなぐ速さが一致してこなければ、去年より上には行けないということで考えているんです」

まだ、〝机上の空論〟だけど、理解はできる、と、高平は言う。40mの目標タイムは、3秒75、これはそんなにむずかしい設定ではないと塚原は言った。「簡単に出ちゃうんじゃないかなと思うぐらいのものです」と高平。まだ、冬季練習中でスピード・レベルが高くないので、数値は一つの指標に過ぎない。オーストラリアから戻ったばかりで今日合流することになっている朝原が加わって、またその練習をする予定だが、スロー調整の朝原が入っても、現時点でタイムが上がるというわけではない。今は、合宿参加のショート・スプリンター全員で、組み合わせもあらゆるパターンで試している。

「理屈とみんなの感覚をすり合わせようということです」

と末續は言った。

「ここで渡って、この速度で渡ったら、こういうふうになりますという数値と理屈があるんです。実際にやるのは俺たちで、渡しやすいとか渡しにくいとか色々な要因があるんですが、そのへんはひとまず置いておいて、理屈の中で走ってみようということで。まだ、試合レベルのすごい高速でやってないので、これから詰めていくわけですが。面白いですよ」

練習の半ばから、雨が強くなり雷が轟いてきた。だんだん、ものすごい雷雨になってくる。雨足の強さ、雷鳴の大きさは半端でなく、さすがに南国という気がした。

150mのタイム・トライアルの2本目で、みんなが「おおー」と驚くタイムで走り、「ゲロりそう」と言っていた高平は、それでも、予定の3本目までをすごくやりたそうだったが、とても練習を続行できる状況ではなかった。荷物をまとめて、バスで選手たちの宿泊するホテルに帰る。午後にインタビューをお願いしている我々も、バスに乗せてもらい、ホテルに同行した。

沖縄合宿の常宿という、市街の小さなホテルは、アットホームで居心地よさそうな雰囲気だった。選手たちは別室で食事が出るが、我々はロビー脇のレストランのランチを食べた。沖縄料理定食といったメニューで、チョイスしたヘチマのチャンプルーが独特のぷりぷりした歯応《はごた》えですごくおいしかった。

昼食後、代表ドクターの講話があり、それが終わると、高平、塚原両選手がそろって来てくれた。そのまま、レストランの席で取材となる。23歳、22歳と一つ違いの若い二人は、一緒にいると、何とも独特の味がある、いいコンビという感じがする。瘦身《そうしん》でクールな外見の高平と、マッチョではちきれんばかりに元気な塚原と、印象が対照的なのだが、何かすごくしっくり通じ合っている楽しげな雰囲気があるのだ。順天堂と東海大の短距離エースとして、対校試合をガンガンに戦った二人だ。富士通の同僚になることも決まっている。取材していると、高平は年長で代表キャリアが長いという貫禄があり、何気なく塚原のフォローをする言葉もあるのだが、兄貴分というよりは気の置けない友人という感じがする。やはり、代表の〝兄〟というと、末續であり、〝父〟が朝原なのだろうか。

二人の取材後は、競技場でウェイト・トレーニングをするという末續に見学を申し出て、ついていく。

こうした代表メンバーの中で、とにかく、にぎやかなのは、塚原のようだ。皆が口をそろえて証言する。「高野監督が来ると何だか静かになる、塚原が〝半分〟になるから」と小島茂之が笑って言っていた。もちろん、陽気だといえば、みんな本当に陽気だ。高平もよく通る大きな声でしゃべったり笑ったり明るい存在だし、末續がまたよくしゃべる。練習中も、ぽんぽんぽんぽんアップテンポによくしゃべる。あれだけ外側に気持ちが向いていて、よく練習になるなと思うのだが、いざ、身体を動かす段階になると、スイッチを切り替えるようにぐいっと集中する。

リカバリー・タイムをとる短距離の練習は、長いことにぎやかに談笑していて、さてという感じで短く強く走る感じで、見慣れないと、真剣さやきつさが今一つわかりにくい。私は高校生の練習を初めて見に行った時、こんなに遊んでばかりいていいのだろうかと不思議に思ったものだ（もちろん、ちゃんと練習していたのだ。私がわからなかっただけで）。……という前提のもとでも、なおかつ、末續慎吾は、実に明るくよくしゃべる。余談だが、この合宿で年長の選手だけ部屋割が一人なのだが、〝さびしがり〟の末續は、塚原たち二人の部屋（三人で使える）にやってきて〝同居〟しているそうだ。

ウェイト・トレーニングの時も、サポートのトレーナーの人と、合間、合間は、ずっとしゃべっている。末續の練習のオン、オフ切り替えを見ているのは、すごく面白い。両方、他の人より過剰に見えるのだ。放出する陽気さ、絞っていく集中力。もっとも、この日のウェイトは本格的なものではなく、確認作業だというので、少し雰囲気が違うかもしれない。

確認作業というのは、走っている時に使っていない筋肉を自覚して鍛えるウェイトの練習だという。

「人間の身体というのは、使えるところと使えないところがあるんです。筋肉も、一つひとつ意識して動かしているわけではないですから。そこに重さをかけたり、触れたりすることで意識できる筋肉もあるんです。それをある程度、自由のきく軽い負荷で確認していって、で、走って、で、重さを加えていって、また走ると、その繰り返しです」

走練習のあとに行う、足りない部分を補う作業としてのウェイト。そして、ウェイトをやって、トラックに出ていって走り、またウェイトをやり、走り……とトレーニングを続けていく。ウェイトで意識できた筋肉を使えるようにして走ってみる。走って感じたものを、また、さらに負荷をかけて確認する。高度な感覚の領域だ。

「片足スクワットは、片足で落ち込みますよね、そうしたら、お尻に負荷がかかるんで、そこを鍛えるんです。地面に接地する時に、例えば棒を突き刺すイメージで、反対の端を手で握っていて、ガッと刺した瞬間、ゆるく持っていたら抜けてしまいますよね。その持っている手の部分が、走る時のお尻に当たるとして、そこをしっかりさせるために鍛えるんです」

ウェイトを私にもわかるような嚙み砕いた言葉で説明してくれる。

「クリーンというのは、バーベルを持ち上げて落として支える、40kgの重量が下に落ちる時、その重量が地面に対して落ち切らないように耐えるんです。ドンと耐える。接地した時に沈み込まないように、というイメージで鍛えます」

「脚の強化は、挟み込みという動作の確認です。接地の時に地面からもらった力を前にポーンと飛ばす、それが効率のいい軌道で、挟み込みという動作になります。膝が跳ねて上がってしまったりすると、力のベクトルが少し上に向いてしまって速く走れなくなるんです」

その三本柱で、今年はやってみたという。片足スクワットとクリーンが40kg、挟み込み動作が10kg、30kgという軽めの負荷で、回数が片足ずつ10回を5セット。

冬季練習で、筋肉を強化するための本格的なウェイトは、片足100kgから上げていく。

「冬の間に、筋肉をめちゃめちゃ太くして強くしますよ。鋼《はがね》を作ったのと同じなんです。今は、それを今度は刀にするために、カンカン叩いている状態です。無駄なところを削って研ぎ澄ませて、刃を作ります」

朝原や高平からも、シーズンインに向けての練習について「研ぎ澄ます」「削る」「鋭くする」という言葉を聞いた。

「本当はじっとして鍛えるのはイヤで走ってるほうが好きなんです。もともと、そんなに筋肉がつきやすいタイプでもないし、バネというかピョンピョン跳ねるようなのは自信があるんです。でも、そこに頼り過ぎるのもよくないので、最近は、プラスしてある程度、筋力というものをつけていくんですが、ただ単に筋肉を増やすという作業ではなくて、自分の持っている、今まで走ってきた感覚を大事にしながら、ですね」

末續のトレーニング中に、ウェイト・ルームを窓からのぞきこむようにして朝原が現れた。一昨日オーストラリア合宿から帰国して、1日自宅にいただけで、今日、沖縄に移動してきた。練習するために、ホテルに行かずに空港から競技場に直行だった。大きな黒いバッグを持っていた。

顔を合わせるのは久しぶりだろう。何とも嬉しそうな表情が二人の顔に浮かぶ。窓の外の朝原の日焼けした顔に、なつかしげな穏やかな笑みが。トレーニング・マシンの脇で腰ベルトをしめた末續の顔に、明るく光るような笑みが。

短距離のライバルで、4継のメンバー、一線でずっと共に世界相手に走り続けてきた戦友、そんな言葉では括《くく》れない、本当に特別な関係に思えた。誰もがうらやましくなるような、あこがれてしまうような、類のない強いつながり。まるで、映画のワン・シーンのようだった。写真に撮《と》って、ずっと残しておきたい気がした。

末續は、さっと朝原の近くに寄っていき、悪戯《いたずら》っ子のような表情で話し始める。明日は練習が休みで、もう2日ほどで合宿も打ち上げなので、その夜は皆で那覇まで飲みにいく計画があるようだった。おそらく、その話なのだろう、二人とも楽しそうに笑っている。

やがて、朝原もトレーニング・ウェアに着替えて、ウェイト・ルームに入ってくる。

しばらくは、時折、談笑しながら、それぞれのメニューをやっていたが、そのうちに末續はトラックへ出て走り始め、朝原のウェイトは本格的になってくる。

同じ短距離走者でも、朝原と末續は、ウェイトの目的もやり方もまるで違う。それは、もう誰もが知っているような〝常識的〟なことだが、目の前でそれぞれの練習を見ると、改めて「そうなんだよなあ」という実感がこみあげてくる。非常に貴重なドキュメントに遭遇したような嬉しさがある。

「大学の時からウェイトを始めて、ドイツですごく強くなって、そこから、ある程度ハイレベルで維持できるようになったんですが、アメリカに行ったら、ドイツのやり方と違って、そんなにMAXを追わないんです。本当にこんなんで効いているのかなと思い出してドスンと下げちゃったんです。そうしたら、記録も一緒に落ち込んで……2005年、2006年あたり、ほとんどウェイト・トレーニングはやらなかったんです」

朝原は競技生活とウェイトの関係を簡潔に振り返ってくれた。大阪大会に向けてコンディションを上げていく時に、またウェイト・トレーニングを再開して、最初の1カ月くらいはずいぶん苦戦したが、徐々に光が見えて競技レベルの向上につながったという。

「やっぱり、ある程度の筋力がないと技術はできないというのがあるんですよね。いくら、理想のフォームを持っていても、体力がなかったらそれができない。ただ、持ち前のバネや骨格というような形だけで、うまく走ることはできて、僕はある程度コツがわかっているので筋力がバーンと落ちていても、10秒5くらいでは走れると思うんですよ。でも、筋力がないと、やっぱりスピードは出ないですよね」

筋力にプラスして身体の使い方、そのバランスでスピードを出していくというのは、末續とまったく同じ話になる。それぞれのアプローチや目的は違っても、速く走るという最も基本的な大前提ということなのだろう。

朝原の場合、今は、ウェイト・トレーニングが色々な意味で非常に重要で不可欠だという。3日に一度の割合で、練習に取り入れている。

「昔は筋力アップとかいうことでウェイトをやっていて、年とってまたやり始めて、頻度も増えてきたんですが、それは身体を整えるための調整の意味合いがあるんです。勝手に〝ホルモン・トレーニング〟って言いまくっているんですが。成長ホルモンって若い頃は勝手に出るじゃないですか。それが年をとると出なくなっちゃうので、極力、僕が持てるMAXの重さを上げることによって脳から指令が行くんじゃないかなと思って。ホルモン出せ、という」

ずっと、やっていると身体の調子がいい、ただ、単に走る練習をしてそのまま休むより、ウェイトをして終えるほうが、身体がすっきりするのを感じると、朝原は言った。

スタートは、ウォーミングアップで70kgから始めて、次、一気に50kg上げて120、それから、140、160、190、210というセットで、片足スクワットを行った。

最後は*スナッチをして90まで上げた。朝原のスナッチのベストは95kgで、それは調子がよくないとなかなか上がらない。

「スナッチにしても、軽いのから順番にやっていくんですけれど、初めに適当にやっていると、最後に萎《な》えちゃうんです。だから、きっちり頭の中で組み立てて出力を調整しながら上げていかないと。集中力ですね。集中力を高めるという意味があります」

ウェイトの時もそうだが、朝原は、練習中に声をかけづらい選手だ。今何をやっていたんですか？と聞きたくても遠慮する。別に構わないのかもしれないが、レストの時も〝オフ・モード〟になっていないように見える。身体を動かしていない時でも、彼の中で練習に必要な何かが計画的にコツコツと刻まれ続けている気がする。もちろん、大阪ガスのグラウンドで見学した時は同じ短距離チームの山口有希《やまぐちゆうき》と、沖縄では末續と会話しながら、ウェイトをやっている。人を寄せつけない、というムードでは決してない。それでも、練習中の集中力が、際だって目に映るのは確かなのだ。

末續の練習が終わったので、まだ続けている朝原を残して、先にホテルに戻る。夕食前に1時間ほど空けてもらい、末續の取材をお願いする。なかなか一対一の取材がむずかしいのだが、機会を得ると、非常に物静かな雰囲気になり、深い言葉を聞かせてくれる。私にとっては、この本を書き続ける勇気のようなものをもらった貴重な時間になった。

夕食後は、例の全員参加の飲み会に出かけるということで、朝原に話が聞けるかどうか微妙なタイミングだった。選手たちが三々五々、部屋から食事のために降りてくるのだが、そのまま出かけるのだろう、皆、すごくおしゃれな服装になっている。カジュアル・ファッションだが、やはりトレーニング・ウェアとは雰囲気がまるで変わる。それぞれ個性的で、わあ、カッコイイなあと、これはなかなか見る機会はないぞ、ラッキーだなあと、ミーハー・スイッチがオンにフル点灯。選手たちのうきうきした気分が、こちらにまで伝わってくる。

「朝原の取材、食事しながらでもいいですか?」

と苅部部長が自ら、トレーに載った夕食を選手たちの食堂からレストランに運んできてくれる。色々な意味で申し訳なく、ありがとうございます……と平身低頭。シャワーを浴びてきたという朝原は、暑い、暑いと連発しながらランニングシャツ一枚で、食事しながら気さくに取材に応じてくれた。

夕食を終えた、高平、塚原が連れだってやってきて、塚原は朝原を見るなり、わあっと笑顔になって子供が帰ってきた父親に飛びつくように肩にがっちり抱きついた。13歳年上の、目標とし、超えたいと願う、大好きな先輩。そのあまりに素直な愛情表現に、ほのぼのとして笑ってしまった。スプリント界きってのマッチョ選手同士の抱擁シーンだ。迫力満点。

本当に多くを見て、多くを聞けた一日だった。「沖縄の一日」とタイトルをつけて写真集でも作りたいくらいだ。

タクシーで那覇に出かけた選手たちはどんなところで飲んでいるのかな、などと話しながら、こちらはコザで有名なタコスの店で食事をしてから、アイルランド・パブでギネスを飲んだ。おいしかった！

8　片付いた部屋

大阪大会の4継メンバーの口から、よく、リザーブの小島茂之の名前を聞いていた。多大な尊敬と感謝をこめて。そして、沖縄合宿で、苅部部長も、やはり、しみじみとした強い口調で、小島のことを語った。

「彼は本当に偉いです。あれは、なかなかできることじゃないです」

その時、私は、もし、小島茂之が取材に応じてくれるなら、会いに行かないといけないとはっきり思った。それまでためらっていたのは、リザーブという苦しい立場のエピソードを朝原から聞いて、当人に向かって大阪のことをとても質問できないと思っていたからだ。でも、その考えは間違っていた。４継について書くのであれば、大切なリザーブ・メンバーについて触れないのは、絶対に間違っている。

オリンピックや世界選手権の選手選考は、各国、各競技によって様々だ。北京五輪の場合は、国際陸連（ＩＡＡＦ）が定めたルールとして、１種目につき三名の大前提があり、それから標準記録Ａ、Ｂによる参加資格のクリアが条件となる。大阪世界陸上よりルールが厳しい。Ａ標準をクリアした選手は三名まで、一人もいない場合はＢ標準をクリアした選手が一名のみ出場できる。リレーの場合は、ＩＡＡＦが定めた資格大会において出したベスト１、２のタイムの平均の上位16カ国が出場権を得る。

さらに、その上で、日本オリンピック委員会（ＪＯＣ）が定めた出場人数の制限がある。陸上競技は三十六名までという決定だ。余裕のある数ではない。個人種目でＡ標準をクリアしていても、そのタイムを出したレースがかなり前のものであり、春からのシーズンの調子や、選考試合の日本選手権の結果が悪ければ、日本陸連の最終決定からはずされることもあるのだ。

リレーはチームの成績が資格となるので、メンバーはＡ標準を突破できなくても、選考試合の日本選手権（そこで判断しきれない場合は、その後の南部《なんぶ》記念）の結果に、それまでのシーズンの調子や選手としての実績を加えた日本陸連の判断で選抜される。もちろん、100m、200mが枠いっぱいの六名のA標準突破者がいて、その全員でリザーブも含めたリレーのオーダーが組めればそれで決まりだろう。

わかりにくいかもしれないが、世界大会の代表選抜の時点で、リレーのメンバーとして、あらかじめ四人や五人（ないしは六人）を想定しておくが、それは、もちろん、レースのオーダーではなく、正式に発表されるメンバーでもない。

個人の走力が重要視されるマイル（4×400mリレー）の場合は、その時調子のいい走者を最終的に選抜するために現地でタイム・トライアルを行って決めることもある（前回のアテネ五輪では行った）。4継のほうは、バトンの連係がタイムに密接に係《かか》わってくるので、もっと早い時期から固定メンバーを組んでくる。

「1995年のイエテボリ世界選手権から、オーダーが固定になったんですよ。それまでは色んな人が出ていたんですけれども。イエテボリの年から、もう四名しか選ばれなかったりとか、五、六名選んでも四名がほぼ固定という感じになって、それで結果が出だしたので、そういう流れがあるかなと思います」

伊東浩司が語る。

大会中に怪我人が出る場合もあるので、その場合はオーダーが急に変わらざるを得ないが、ぎりぎりになるまで誰が走るかわからないという、〝どんぐりの背比べ〟的な状況は今はない。大阪大会の時も、四人のメンバーは〝鉄板〟だった。そして、〝非常事態〟に備えて、代表合宿などで練習を積んできた選手の中から、その時の調子がよく、バトンワークの信頼できるリザーブが一人ないしは二人選ばれる。

大阪では、小島茂之がリザーブの役を担った。標準記録が突破できずに個人種目の出場はならなかったが、日本選手権１００ｍで同着3位だった上野政英《うえのまさひで》に南部記念で走り勝っての代表入り、最後のすべりこみとなった。

小島茂之、１９７９年9月25日生まれ、１７３㎝、68㎏、千葉県出身、Ｂ型。陸上の強豪市立船橋高校から早稲田大学に進み、富士通に就職、アシックスに転職。

高校時代から有名なスプリンターだったが、大学1年で世界ジュニア選手権１００ｍのファイナリストとなり（8位）、2年の秋は日本インカレ1位、日本選手権2位、国体成年1位と１００ｍで大活躍、3年で、シドニー五輪に出場し、１００ｍと4継の決勝を走った。その時の4継のオーダーは、小島、伊東、末續、朝原で、末續が肉離れを起こしながらも朝原にバトンをつなぎ6位入賞して、偉いとも惜しいとも言われたレースである。

この時、末續は大学2年。２０００年のシドニー五輪は大学生が大活躍した大会であり、法政大学4年の４００ｍハードルの為末大、ショート・スプリントの川畑伸吾《しんご》、日本大学3年のロング・スプリントの山村貴彦《やまむらたかひこ》、そして早稲田大学3年の小島茂之、東海大2年の末續慎吾の五人は、〝ニューエイジ〟と呼ばれて脚光を浴びていた。シドニーが最後の五輪となった伊東浩司は故障で苦しいコンディションの中、大学生たちのパワーに後押しされて頑張れたと語っている。

この年まで、4継は準決勝があり、レースは3本だった。予選と準決勝の1走は、川畑が走った。2000年絶好調だった川畑だが、五輪の最後の山場で故障が限界に達してしまった。小島も春先から故障がちで、最後の選考レースの南部記念で代表入りを決めたが、個人の100mは力を出し切れないまま一次予選敗退した。リレーは走る予定がなかったので気が抜けた状態の時、急に決勝の1走起用を言われた。小島も万全の体調でなかったので肉離れでもしたら大変だと思いながら緊張して臨んだレースだが、実際に壊れたのは3走の末續だった。同室で一緒に過ごしていた末續が、メダルが取れなかったのは自分のせいだと泣くのを、おまえがいなければここまで来られなかったと懸命に慰めた。

小島にとって、そのシドニー五輪が、走って一番印象に強く残っているレースであり、逆の意味でマイナスの結果をモチベーションとして忘れず心に刻んでいるのが、2004年のアテネ五輪の選手選考で敗れた日本選手権だ。大学卒業後、富士通に入社してから、小島は故障の連続で試合にもあまり出られない状態だった。出場したシドニー五輪、出場できなかったアテネ五輪、そして、28歳で迎える北京五輪が最後になるであろう夢の舞台となる。

1年、1年を一区切りにして完全燃焼していくのではなく、アテネ五輪からは北京を目指して、4年のサイクルで選手生活を考えてきた。どうしても、北京に出場したい。そのために、4年間で身体と走りを作り上げていく。土台として、最初の1年、2年がありそこでは結果が出なくてもいいと思った。だが、2年目に小島は復活する。故障を克服してナショナル・チームに復帰し、2006年9月にアテネのワールドカップの4継で4走を走った。1走塚原、2走末續、3走高平、4走小島のオーダーで、38秒51（その時点で日本歴代6位）の好タイムで3位に入る。12月のアジア大会では、4継は控えにまわったものの、個人の100mではいい走りができて手応えをつかんだ。3年目の大阪世界陸上でも小島は出場権を得た。しかし、そこでは、一度もレースで走ることなく、サポートに徹して終わった。

早稲田大学で練習する小島を取材に行く前に、彼の走るレースを見る機会があった。2008年4月5日、六大学対抗試合に、小島はOBとして100mにオープン参加した。

大学生の大会である。春先の口あけのような試合で、まだタイムや順位は問題にされない。もちろん、大学同士の、選手同士の対抗意識はあるだろうが、ＯＢの小島にとっては、北京出場を勝ち取るためのシーズンの始まりという位置付けになる。例年は、月末の織田記念あたりからシーズンインするのだが、今年は少し早目に仕上げるつもりで対抗試合にオープン参加した。

目標は、日本選手権の１００ｍで上位に入ること、南部記念までのレースで、北京の標準記録を突破すること。現段階で、北京出場が決定している短距離選手はいない。ただ大阪で４継を走ったメンバーは、皆、１００ｍか２００ｍで北京のＡ標準を既にクリアしている。日本選手権で〝きちんと〟走れさえすれば、代表入りは確実だ。個人種目で、枠は三つ。今の状況で、ショート・スプリントの個人種目に出場するためには、Ａ標準を突破するしかない。１００ｍのＡ標準は、10秒21。小島の自己ベストは10秒20。自己ベストを更新するつもりでいかないと、北京への道は確実には開けない。

アシックスの黒いユニフォームで、国立競技場の１００ｍのスタートラインに立った小島の雰囲気は、明らかに学生たちと違っていた。厳しい顔つきも、全身から発する戦闘的なオーラも。オープン参加で共に走るのは、学生ではなく社会人だが、中でも、小島の気迫はスタンドからでも見てとれるほどギラギラと尖っていた。

追い風２・４ｍで、10秒42、圧勝の１着だ。風に恵まれたが、この時期としては、すごくいいタイムだ。いいレースだったな、と、見ていて嬉しくなった。

8日は、荒天だった。午前10時、4月だというのに気温は10度ほどで、8mを超える北風が吹き荒れている。そして、土砂降りの雨。低気圧の関係で、夜までずっとひどい荒れ模様の一日という予報だった。雨がひどければウェイト・トレーニングの予定だったが、施設が使用できないということで、悪天候をついて無理やり走練習となる。

早稲田大学所沢キャンパスは、緑の豊かな美しい環境で、グラウンドの脇を取り巻く桜の木にはまだ薄桃色の花が残っていた。満開の時はさぞかし見事だろう。この時期は、新芽、若葉の淡い緑が微妙に異なる様々な色合いで木々を染めていくので、キャンパス内を見渡すだけでも、何種類の緑色があるのだろうと深い溜《た》め息《いき》が出る。天気がよければ景色を見るだけでも楽しいだろう。

寒かった。これまでも厳冬期に何度も練習見学をしているが、4月ということであまり厚着もできなかったせいもあり、寒い印象が一番強烈だ。それにしても、湘南ひらつかビーチパークの砂嵐といい、沖縄の雷雨といい、この所沢の強風豪雨といい、ひどいコンディションの時の練習見学が多いが、よほど日頃の心がけが悪いのだろうか。ちなみに、その夜、私は出版関係のイベントで人が多く集まるところに行ったのだが、午前中に陸上の練習見学をしてきたというと、皆に思いきり驚かれた。こんな日に外で走るんですか？　と。そう、〝一般人〟は驚く。それほどの天気だ。そして、早稲田の学生とOBの選手たちは、寒さと雨に負けずに大きな声を出しながら、坂道を懸命に走った。80m＋120m＋60m＋100m＋80mを3セット。路面の状態があまりに悪くてすべるようだったら変更するとマネージャーの学生が言っていたが、8分と10分のレストを入れて（倉庫の中、ストーブあり）、最後までしっかりとメニューを終えた。

小島は紺色のニットキャップを目深にかぶり、時折、それを気にするように手をやりながら、軽快に坂を上っていった。春一番の大風が吹いた平塚の時もそう思ったが、悪天候の時は怪我に気をつけながら、ノルマをこなすように着実に走り切るという感じだ。砂嵐でも、強風豪雨でも、フォームは微塵も乱れずにきっちり走る。彼らの膨大な練習の中のシンプルな1ピースに過ぎない。

取材は陸上部の合宿所で行った。そんなに距離はないが、男子学生に車で送ってもらい、ものすごく親切に応対してもらった。昨年新築された合宿所は機能的できれいで、色々と伝説や伝統を耳にしている早稲田競走部の旧寮の雰囲気はなかった。広いゼミ室の中央にぽつんと椅子を出して、小島が着替えて来るのを待った。

小島の自宅は、勤務先のアシックスの人事総務部のある神戸だが、1年の半分ほどを、練習の本拠としている早稲田大学で過ごす。この合宿所には、アシックスが契約する形で、小島の部屋がある。小島の伴侶《はんりょ》で、女子スプリントを第一人者として長い間牽引《けんいん》してきた旧姓新井《あらい》初佳《もとか》は、拠点を出身の神戸に置いて練習している。陸上選手同士のカップルや夫婦は幾組もあるが、トップ・スプリンター同士というのは珍しい。

やがて、オニツカタイガーのスウェット・ジャケットとハーフパンツに着替えた小島が現れる。

六大学対抗戦のレースの話をすると、「思ったよりもいいタイムが出て」と嬉しそうな表情を見せた。

12月の終わりに左膝の裏を傷め、それが長引いて2月半ばぐらいまで、走れないことはないが気にかかる状態が続いた。左をかばって走ったせいか、3月には反対の右の脚の付け根を傷める。そんな故障のせいで、冬季に、思ったような練習が積めなかった。

「まあ、故障のない人は多分いないと思うのですけれども、いかに故障をしないで練習を積むかということが勝負なので」

社会人になってから怪我との厳しい戦いを続けてきた小島はむしろ淡々とした口調で語る。

「身体のバランスをとることに努めなければならないし、もうオジサンになってきたらケアもしなきゃいけないし。それは身にしみて……」

まだ20代の小島の口からオジサンという言葉を聞くと違和感があるが、やはり前半と後半は明らかに体力や回復力が違ってくるのだろう。最前線で戦う選手は、同じところに留まっていることができない。現状をキープすることは許されない。進む道は、前しかない。より速く、現時点よりさらに速く走るためには、同じ練習では届かない。常に未知のことにチャレンジする。それがいいか悪いかはやってみなければわからない。そして、体力的にぎりぎりのところで追い込んでいく、故障と隣り合わせの練習を続けることが、彼らの日常なのだ。どの選手に取材しても、必ず、何らかの形で、このことを聞いた。

「走り方を変えたりとかはありますね。しょっちゅうですね」

と小島は笑った。

「よりいいものを求めて、とりあえず取り入れてみて、それがダメだったら捨てますし、ちょっといいなと思ったら続けてやってみますし、それの繰り返しですね。やっぱり、やってみないとわからないものなので。体格の問題とか色々ありますし、他人に合っても、自分に合うかどうかはわからない。年齢を重ねるにつれて、いらないものは捨てて、必要なものだけを取ってくる」

代表合宿だと、みんながいいものを持っているので、参考にも刺激にもなるという。

「技術も必要ですし、それができる身体作りが必要ですし、それに耐えられる心も必要ですし」

あっさりした口調で語るシンプルな言葉だが、金言のようだなと感じた。

外見は、非常にシャープな印象の選手である。鍛えあげた無駄のない筋肉がバランスよくついている。顔立ちも精悍《せいかん》だ。本当に気持ちが優しいのだと聞く。同じ選手同士がしみじみと心打たれるほどに優しいと。短時間のインタビューでそこまではわからないのだが、私が一番強く印象に残ったのは、気取らない人柄と、まったく飾り気のない言葉だ。生来のものもあるだろうが、長い競技生活の中で、様々な挫折《ざせつ》を乗り越えて、まさに「いらないものは捨てて、必要なものだけを取ってくる」というぎりぎりのシンプルさ、削《そ》ぎ落とされた飾り気のなさを感じた。すごく美しいものに感じた。

リレーの話を聞いた。

「昔から2走、4走が多かったですけど、(シドニー)オリンピックで1走をやって、できないことはないなと。大阪も1走を走る予定というか、そういう準備はしていたので。まだ3走だけはやったことがない。でも、行けと言われれば、どこでも行くつもりでいます。合宿に行ったら順番はころころ変わりますし、日本選手権が終わらなければメンバーは確定しないので、それまではバラバラでやっています」

大阪の前は、多くの代表合宿を行ったが、100m、200m各六人ずつくらい、十人から十二人ぐらいの選手たちが集まって練習をしていた。

「選ばれる、選ばれないは、紙一重なので。まあ、誰が選ばれてもいいように」

と小島は言った。

日本選手権、南部記念が終わり、代表メンバーがすべて発表になった時点で、走る四人、そしてリザーブが決まったことになる。小島の役割ははっきりしていた。シドニー五輪の時は、個人の100mが終わって気が抜けてしまった失敗があったので、その経験を生かして大阪に臨んだ。

「俺がやってやる、というか、俺が走るんだという、そういう強い気持ちを持っていましたね」

リザーブの立場の大変さを尋ねると、

「大変というか、自分が走るんだという気持ちだけで行っちゃってましたし」

ときっぱりした返事がかえってきた。

「小島はどこでも行けるように、と言われていて。予選の時も決勝の時も、走るんだという気持ちでいました。もちろん。1年間のピークをそこへ持っていくわけなんで」

末續のアクシデントがあったので、彼が走れなかった時は、小島が1走で塚原が2走というオーダーが決められていた。逆に、大会前に想定されたのは、末續が200mで決勝に残り、日程的に5日連続で走ることになるというケースだった。

「末續が200mで疲れて……そうしたら、僕が予選から走ってという形も考えられたんです。それで、僕と塚原がけっこう練習をしていたんですけど」

結果的に、末續がリレーの予選も決勝も走り、小島の出番はなかった。

「小島さんがいたから、俺も安心して、思いきりのいいレースができたんで。小島さんは、いつでも行ける選手なんで。同じように力あって。ただ、その時に出なかった選手だったんで。替えがいないというプレッシャーが一番、選手にとっては負担じゃないですか。小島さんがいてくれたということが一番安心できた」

末續は質問に答えてという形ではなく、自発的にこの話をした。8年前、シドニー五輪で共にシニア代表デビューして4継を走る前から、大学生スプリンターとして東海大学と早稲田大学の1学年違いのライバルだった。どちらも4継の強いチームで、両校の激戦の歴史には様々な名シーンが刻まれている。そのうちの一つ、シドニー五輪を控えた2000年の日本インカレの4継決勝で、3走の末續でトップにたった東海大学を逆転して、日本学生新記録での優勝に貢献したのはアンカーを務めた小島だった。

末續について、

「あいつは、もうポンポンポーンって、うなぎのぼりに行ってしまって、置いていかれているんですけれど」

と小島は笑った。屈託のない、さっぱりした笑顔だ。

「僕も復活して、アジア大会とか大阪でメンバーに入れるようになったので、また、北京で一緒にリレーで走りたいと思います」

スプリントは、タイムと順位で残酷なまでに、その時の実力が表示される。その世界で長く生きている選手たちは、嫉妬《しっと》や羨望《せんぼう》などのマイナス感情をしっかり自己処理してモチベーションに変えて前を向く潔さが不可欠なのだろう。自分に足りないものを冷静に分析して新たな工夫をして絶え間ない努力を積んでいく者だけが、生き残っていける。

朝原から聞いた大阪の話を書こう。

4継の決勝が終わった夜は、また、アジア新記録樹立ということでドーピング検査があり遅くなった。代表のドクターが皆を深夜の町に焼肉を食べに連れていってくれたのだが、その席に小島も参加した。この話は末續からも聞いている。小島さんが来てくれて……と。

「小島くんが一緒に来てくれたんで。それが非常によかったなと」

朝原はしみじみと語った。

「小島くんはね、すごく偉くて。やっぱり、あそこまで来て走れないというのは、その状態になっている人じゃないと悔しさがわからないと思うんですよ。本当に悔しかったと思うんですよね」

この前、小島くんの奥さん（小島初佳）に会って話を聞くことがあったんですけど、と朝原は話を続けた。

「予選であんな記録が出ていますから、決勝で走るメンバーは決まっていたんでね、何かが起こらない限り自分が走らないというのは決まってるんです。でも、朝の散歩も一緒にして、ウォーミングアップも一緒にして。だから、そういうのは、すごく偉くて。でも、普通だったら、もう気持ちが切れて、やる気がなくなったりするじゃないですか。でも、すごい一生懸命アップをして。最後まで、寸前まで、一生懸命やって、みんなを見送るまで」

いつも穏やかな朝原が力をこめてしゃべった。

「行くぞって円陣を組んで、僕たちがコール・ルームに行くじゃないですか。で、小島くんは残るでしょ。で、僕らが消えたあとに、気持ちが居ても立ってもいられなくなったみたいで、サブグラウンドで一人で叫びながら走って泣いてたみたいなんですよ。そう奥さんが言っていました」

調子もよかったですから、と、朝原は言った。

「だから、僕たちは、そのことを忘れてはだめなんですね」

実際に走ったのは四人。でも、走らなかった五人目の存在の大きさを嚙みしめるように朝原は語った。

直前のアップまで一緒にしたという話を小島に聞いてみた。

「もちろん。そのアップ中に怪我するかもしれませんし」

選手にとってはあまりにも当り前のこと――そういう答え方だった。よく考えればわかる話だ。でも、そんなに一般に認識されていることではない気がする。私は知らなかった。

「常にスタンバイをしている状態で？」

と確認するように尋ねると、

「もちろん。コースに入るまでは、オーダーを提出するまでは何があるかもわからないですし」

「何かあったら小島さんだというのは、もう決まっていたことなんですか？」

「決まっていたと思います。はい」

そう答えて、小島はにっこり笑った。

大阪の話は、本当に聞き辛かった。それを聞きにきたのに、なかなか質問ができなかった。小島はまったくイヤな顔も見せず、聞かれたことには、率直にありのままにためらいのない言葉をすっと返してくる。そのあまりにも自然体の潔さに、だんだんと質問の無意味さを私は感じるようになってきた。

「世界陸上の時はどうでしたか？　ご覧になっていて、どんな感じ……というか」

この愚問を発したのは、ドキュメント風に大阪を書いていこうとする場面に、小島の姿を登場させたかったからだ。レースはどこで見ていたのだろう？　予選は？　決勝は？　スタートした時は？　5位になった時は？　二度の記録更新については？　そこまで細かくしっかりさっさと聞いてしまったほうがよかった。

「やっぱり、正直、走りたかったなあ、というのが、はい」

それは、誰が想像してもわかる、わかりすぎる答えだった。ただ、気持ちをこめて、あまりにもまっすぐに小島は答えた。

「個人種目ももちろん出たかった、リレーも出たかったなというのが一番の思い出です。今も、はい」

すべてを言い尽くすような言葉というものがあるのだと、その時、思った。私は言葉を扱う仕事をしているのだが、この日に小島から聞いた二つの言葉ほど、真摯《しんし》で隙のないものにぶつかったことはないかもしれない。大阪での彼のすべてを言い尽くしていて、それ以上は何一つ必要としなかった。

――自分が走るという気持ちだけで行っちゃってましたし。

――正直、走りたかったなあ……。

走るつもりで万全の準備をして、レースに備えた。走りたかった。この二つの言葉以外は、もう何も必要ではない。私は細かいことは聞けなかった。聞いたら率直に答えてくれたと思うのだが、聞けなかった。半端な取材者になってしまった。逆に申し訳なかった。

世界大会の日本代表として4継を走れるのは、四人だけだ。たった四人なのだ。リザーブとしての五人目、もしくは六人目――厳しい立場だが、それすらもあこがれてかなわない選手たちがたくさんいるわけだ。

——忘れたらだめだ。

と朝原は言った。

忘れたくない、見るだけの私たちも、と思う。


北京で一区切り——と小島は言った。

「アテネ五輪が終わってから、ずっと目標にしてきた大会なんで、一応、一区切りにしようかなと。それで、その後、気持ち的にも身体的にもまだできるという状態だったら、もう1回、ベルリンの世界陸上とか、ロンドン五輪まではわからないですけど……、まあ、1年、1年やってみようかなと思っています」

学生の時にシドニー五輪を経験し、次のアテネ五輪はシーズンイン前に結婚した小島(新井)初佳と共に届かず、北京に夢を馳《は》せる。一番大きな舞台の輝きも、そこに行けない悔しさも知っている。代表に選ばれながら走れないつらさも味わった。そして、仲間の栄光をサポートする役割に徹して見事にやり通した。多くの苦痛や葛藤《かっとう》があっただろうが、小島茂之は、それを表には出さない。

北京に向かう戦いのスタートラインに立つ小島の潔い言葉の数々は、無駄なものが一つもないきちんと片付いた部屋を思わせた。すべてを整理して片付けて、すっきりした部屋をあとに出かけていく――戦いに。最後になるかもしれない戦いに。

「もう悔いは残したくないと。それがどんな結果であろうと、もう後悔はしないつもりです」

　明日から、小島はアメリカに行く。記録会のような大会ではないが、2、3試合を予定している。カリフォルニア州のマウントサックという大学で、今はいい季節で暖かく、アメリカの大学生は速いので、いい刺激になるだろうという。昨年も行っている。奥さんとクレーマージャパンのスプリンター新井《あらい》智之《ともゆき》が同行する。

　奥さんが同じトップ・スプリンターということについて尋ねてみると、

「たいてい、試合は女子のほうが先にやるんですね。女子決勝、男子決勝とやるじゃないですか。やはり先に勝ってくれると気合が入りますし、ダメだと『あー』とテンションが下がりますね」

　家では、あまり陸上の話はしないという。

「お互いに悪い時にブチブチ言われたくないし」

　と笑うのだが、

「しょっちゅう悩みを聞いたりしているので」

　と、やはり優しい。

　同じ道を共に歩み、一番大切なことを共にわかちあう伴侶がいることが、小島茂之のまっすぐな潔さを支えているのかもしれないと、ふと思った。

9 Good time

4継の1走は、〞切り込み隊長〞とよく言われる。度胸がよく、エネルギッシュで、ガンガン行けるタイプが性格的に向いている。スタートやコーナーワークが得意でという要素も当然求められるのだが、この最初の100mで、まず巨大なエネルギーを作り出して、それを2走以降に伝えていく――というイメージを私は持った。あるいは、それは、塚原直貴から感じるイメージなのかもしれない。

塚原は一番最初に会った選手だ。2007年10月、まだ大学生だった彼は、待ち合わせの時間を勘違いしていて自宅から確認の電話をかけてきてから、自転車を飛ばして東海大学の校舎にやってきた。「あ、どうもすみません」と、のっけから気さくで気楽な22歳に、緊張していた私はずいぶんほっとして肩の力が抜けた。

その時の取材は、すごく印象に残っている。何を聞くのか何を書くのか、まだ漠然としたアウトラインしか見えず、自信のひとかけらもなくてオロオロしていた時なので、屈託なく楽しそうに色々しゃべってくれた塚原のロング・ロング・インタビュー（2時間半！）は、もしかして何とかなるかもしれない……と明るい希望の灯《ともしび》のように感じたものだ。

代表短距離メンバーで一番のムードメーカー。うるさい、暑苦しい、と先輩たちに毒突かれる塚原は、心身の元気さが、目に見えるエネルギーになってあふれているようだ。近くにいると、新鮮なエネルギーが電流のように流れてきて、こちらもバリバリに充電させてもらえる気がする。といっても、言葉や態度がすごく過剰だったり過激だったりするわけではない。話していて感じるのは、何より、真面目さと聡明さだ。さすがに世界レベルのトップ・アスリートともなると、若くても、ものすごくしっかりした考え方をしていて、それを正確に言葉に表す。

「スポーツの推薦でウチに来ましたが、成績も良かったです。トップの進学校に入れる成績がありましたから。頭いいですよ」

塚原の出身の東海大学付属第三高等学校教諭で、陸上競技部監督の北澤忠弘《きたざわただひろ》は語る。

「一番しかとりたくないっていう性格でしたよね。そんなのいないですよ。いない、いない。珍しいですね。今の子たちは、親や教師が線を引いて、あれしちゃいけない、これしちゃいけない、あれしなさい、これしなさいって枠の中に押し込めて育てますからね。自信がないような子が多いです」

　この本の取材で会ったスプリンターの中では、塚原が、〃一等賞になりたい〃という、小学校の徒競走の頃の本能的欲求を一番感じさせる選手だった。そういう気持ちが強く外側に出てきている。若さや性格にもよるだろうが、〃とにかく一番でなきゃイヤ〃という無邪気な情熱がスプリンターの中に見えるのはいいものだなと思った。

　体調や状況は、決して良くなかったのだ。学生から社会人に環境が変わるこの時期は、多くの選手が苦労するようだが、卒論や入社などの行事があり日程も気持ちも落ちつかない。そして、膝やアキレス腱の故障があった。冬季の練習量には、少し不安を残しているかもしれない。4回練習見学に行って全部空振りした。こちらの確認が足りなかったこともあり、確認したのに予定が違っていたこともあった。残念ながら、2008年6月時点では、沖縄合宿以外で塚原の本格的な練習風景を見られていない。

　2007年のシーズン前も、足首の治療に専念して長期的な休養も兼ねてやっていたのが結果的には良くて、大阪の活躍につながったということがある。毎年、そんな感じで……というところはあるようだ。

「無意識的にいいところで抜いているんですよね。自分の身体が知っているのかどうかはわからないですけれども、休めという指令が出ているような。身体が休みたいというふうに発している時は、僕はあらがわないようにして、うまい具合に緩んでいるんで」

3月に、沖縄で、冬季練習について尋ねた時は、

「年末年始と体調不良も重なって、あと卒業の色々もあって、ちょっと練習が滞った部分もあったんですけど、2月ぐらいから順調にやってきているので。量的にはちょっと若干少なめなのかなという気はするんですけど、その中でしっかりとすっきりと動きもできていますし、やりたいこともきちんと織り交ぜてできているので、過不足なく、かなと」

そう話していた。ただ、その後にアキレス腱を痛め、春先に予定していたレースを欠場することになったのは、不本意だろう。前年のように、結果OKであることを祈りたい。日本選手権を経て、勝負は北京!

「気づいたら、もう走っていた。走りたいからとか、誰かにどうしてもらいたいからとかじゃなくて、ただ、もう、走っていた。幼稚園の頃から、運動会でずっとトップで、でも、手が届かないような感じじゃなくて、僕がみんなより速いというのが楽しめる速さというか。本格的に陸上を始めたのは、小学校3年で、走幅跳から」

塚原は、子供の頃、小児喘息《しょうにぜんそく》もあり病弱だったので、身体を鍛えるために色々なスポーツをやっていたが、そのうちの一つが陸上だった。中学では迷わずに陸上部を選んだ。中学の指導者はインターハイ経験者で、夢は選手と共に全日中に行くことだった。

塚原は3年の時、その全国大会の100mで4位、200mで3位という素晴らしい成績を勝ち取った。それでも、100mは未《いま》だ破られていない長野県中学記録の10秒85のタイムを持ち、ランキングも全国トップだった塚原としては、4位は悔しい結果だった。

「ずっとプライドが高くて、誰にも負けたくない、こんちくしょうっていつも思っていて。喧嘩でも、すごいゴツい奴がいても、相手の人数が多くて自分が一人でも向かっていくみたいな負けず嫌いなところがあって。100mも予選、準決勝とトップ通過だったんで、決勝で負けたのが、本当に悔しかった。悔しさを露骨に出していて、勝った奴と目を合わせないとか、ふてぶてしい態度をとってましたね」

でも、陸上という、厳しい勝負の世界を知ることができて満足した部分もあり、高校で陸上を続けるかどうかは迷った。〝フツウの高校生〟をやりたかった。人前に出ていって勝負をして、その結果で誉《ほ》められたり、けなされたり、そういう厳しい注目にさらされる世界ではないところで、高校生活を謳歌《おうか》したかった。それでも、スポーツ推薦で高校に進み、競技を続けたのは、陸上をやっていても、フツウになれる時間はあるかなと考えたからだ。ある意味、この予想は裏切られる。

「最初は断ったんですよ」

高校の監督の北澤は意外なことを言った。30歳まで現役のスキー選手だった北澤は、陸上の経験はなく、走ることは一番苦痛な〝陸トレ〟という認識だった。それでも、赴任先で陸上部の顧問を任されてからは、他校の先生に聞いたり合宿に参加したり積極的に勉強して、指導者として腕を磨いた。その当時、駅伝で全国大会に出場するなど長距離を中心のチーム作りをしていたこともあり、全国大会上位の短距離選手は自分の手に余ると思った。もう一つの理由は、

「有名なゴタだったんでね、あいつは」

ゴタ――長野県の方言で、腕白、悪戯、悪さ、暴れん坊などを意味する。中学校の先生の言うことなんて聞いたことがなかったと、塚原自身も言っていた、結局引き受けることにしたのは、高校と中学と両方の校長に怒られたから、と北澤は冗談のように語った。全国レベルの中学生スプリンターが、インターハイ二冠達成の偉業を成し遂げるビトクリー・ロードの連結部は、選手、監督、どちらの側からも、かなりガタついていたことになる。面白い話だ。

北澤は、長野県で一番恐い指導者でしょう、と、自らを評する。筋の通らないことは一切許さない、時には鉄拳制裁《てっけんせいさい》も辞さず、骨太の信念と並みはずれた行動力を持つ。練習量は多く、オフの月曜日も、グラウンドに来てマッサージとかで身体のケアをする休みになる。365日、部員の顔を見ている、と、北澤は言った。私生活の管理も厳しかった。プロの栄養士に依頼して部員の食事のメニューを作り、言葉遣いや学校での態度もきちんと徹底させた。

「中学でやんちゃやってた自分と180度変わって、高校では、もう本当に機械みたいな陸上人間だった。陸上以外のことはしたり考えたりする〝すき間〟すらなかった。〝ボウズ〟で。〝ボウズ〟はもういいんですけど……」

陸上をやっていても、フツウの高校生でいたいと望んだ塚原には、かなりハードな部活生活となった。

「塚原は大会出るたびに、頭五厘《ごりん》で真っ青でしたもの。つるつるのお坊さんみたいな。見ものですよ。大きな大会の前に短くしますね。100mで0・02秒は違うぞって言うと、あいつは、じゃあ五厘にしてきますって」

髪型の話はさておき、北澤は塚原を3年間クラス担任としても預かり、1年の時にルーム長に指名した。

「目を離すと、何をするかわからないという感じで。ゴタだから。優しい面もあってね、弱い子をかばってあげるんだけど、いじめてる者に対して強く言い過ぎちゃうという正義感があって。状況をわかっていないと、塚原がいじめているように見えてしまうことが中学時代にありましたから。高校に入ったら、もう陸上一本の生活で、そういうのはなくなりましたけど」

入ってきた時は〝天狗〟だったと北澤は語る。

「自分の中で、〝僕は100mが速くて〟という意識があったし、試合に行っても〝どうだ、すごいだろう〟って感じで。やっぱり、素直で謙虚な人間性がないと上の大会で勝てないから色々言いましたね」

「勝つことに喜びを得たり、自分に満足したりしちゃいけないとずっと思わされてきましたね」

と塚原は言う。

「何度もやめてやろうと思ったし、退部届も書いたし、でも、自分が陸上を好きでやりたいという気持ちを裏切れなかったし、歯を食いしばって頑張ってやってきたんです」

一番、塚原が揺らいだのは、1年の秋の国体少年Bで準決勝敗退した時だ。表彰台に上がれると思っていて、周囲にも期待されていた。国体というのは県の代表として出てポイントを獲得することを求められるので、自他ともに失望する厳しい状況に置かれて、もう俺はダメだ、やめたいと本気で思った。でも、数日後の夜、北澤に塚原は電話をかけて「やっぱり、先生、僕、強くなりたいです」と言い、「強くなれますか?」と尋ねた。面と向かってはカッコ悪くて言えないので電話をしたという塚原に北澤は「強くなりたいと思うなら、そういうように努力をすればいいんじゃないか」と答えた。

「何でもやりますから」と決意表明し、そこが大きな彼の転機になった。北澤にとっても、指導者としての覚悟が決まった瞬間だった。それまでは全国4位の選手ということもあり、怪我をさせないように気を使って指導していたのが、やりたいようにやればいいと開き直れた。これまで以上に厳しい練習を課すようになったが、塚原は逃げなかった。

　短距離の練習は、２００ｍ、４００ｍの選手を作るという、北澤の方針によりメニューが組まれていた。部の練習場所は、学校から５分ほどの茅野《ちの》の市営競技場で、４００ｍトラックがほぼ貸切り状態で使えるが、サーフェイスは土でオールウェザーではない。脚に負担がかからない土ということで、いきおい質より量を追う練習になる。陸上経験がなく、指導も長距離寄りの北澤は、専門的な細かい技術の必要な１００ｍは視野に入れていなかった。長めの距離で量の多いトレーニング、全力のスピード練習は不要で、８割の力でたくさん走らせる。

　予選、準決勝、決勝ときちんと３本走れる選手を、北澤は作りたかった。１００ｍでも２００ｍでも、１日に３本レースが組まれていることがある。そこにリレーが入ることもある。それだけのレースの緊張感を持続するための精神力と体力が必要だ。予選でベストを出して、決勝でパフォーマンスが落ちるような試合はさせたくない。

　塚原は、２００ｍを中心として、１００ｍや４００ｍの試合にも出場した。４００ｍの試合は、それ自体に結果を求めるより、２００ｍや１００ｍのためのもので、リラックスした動きや力みのない走りを体得するための布石だった。練習でできても、試合でできないと本当には身につかない。

「1年の時は、やはり身体作りですね。中学で速いって言ったって、筋肉の質を見たら鶏のササミのようにパサパサしている。骨からすぐに剝《は》がれて怪我をしやすい。食生活から変えて、糖分、脂肪分、肉類もしっかりとって、いい筋肉にしていこうと。松坂牛のような弾力性のある霜降りの、食ってもうまい肉にしなければダメだとね」

塚原の1年の時のランニング・パンツのサイズはLだったのが、3年の時にはXOになり、ツーサイズ上がった。入学時から筋肉質のごつい体格だったが、3年時にはもうまわりから飛び抜けたすごい身体になり、それからずっと未だに進化し続けている。今の彼の体脂肪率は、5・8%だ。脂肪などまったくないのではないかというスリムな外見の高平が8%なので驚異的な数字だ。すごく代謝がいい。身体のボリュームのほとんどが筋肉だ。高校時代からウェイト・トレーニングをして、しっかり身体を作ってきた。筋肉があるぶん疲労しやすいので、持久系の練習は苦手にしていた(ただし、部の中ではの話で、世間一般から見れば強い)と北澤は語った。

2年のインターハイで、200m5位になったが、塚原と北澤にとっては、単なる通過点に過ぎなかった。3年のインターハイで優勝することしか二人の頭にはなかった。3年のインターハイの舞台は長崎。中学の全国大会で、塚原が優勝できずに悔しい思いをした時も、開催地が長崎だった。同じ地で表彰台の一番上に立ちたいと塚原は燃えていて、北澤も「ドラマだねえ」と共にテンションを上げていった。

狙った種目は200m。100mは日程的に先にあったので前哨戦《ぜんしょうせん》として出た。スプリントの華である100mは、皆が注目し渇望するタイトルだ。だが、塚原は、100mのレース前も、コーナーから直線に出てくる200mのウォーミングアップしかしなかった。これは他校の選手や指導者からは奇異に感じられたはずだ。シューズも、200m用にコーナーを走りやすいようにサイドの強度を上げたものをメーカーにオーダーしていた（ちなみに塚原は結果が出なかった大会の後にシューズを替えていたという）。

「今の力が本来の実力であって、高校の時にインターハイで勝った力は、たまたまですよ。たまたま、彼がその日に一番調子がよかったってことだけじゃないですか。次の日にやったら、二番、三番の子が勝っていたかも。1日か半日違うと、その子の力は全然違いますから。よほど強い選手じゃないと絶対に勝てる保証はないし」

北澤はそう言うが、当時は小説の取材として雑誌などで情報を入れながらインターハイを追っていた私にとって、塚原の存在は強烈だった。100mの決勝はテレビで見た。中盤からものすごいパワーで逆転して勝ったレースはよく覚えている。

本命の200mも優勝し、インターハイで二冠達成。100m、200mを両方制するのは、なかなかできることではない。

「僕みたいなド素人の指導で、こんな土の競技場で、冬は練習より雪かきのほうが多い環境で、これで100m優勝するなんて、過去に例がない」

100mで勝てたのは〝運〟もあったかもしれないが、その偉業の価値は、北澤もわかりすぎるほどにわかっている。だが、塚原の感想は意外なものだった。

「勝った時は嬉しかったです。僕のやっていた条件では快挙でしたし、地元でも初めてで、もうその話でもちきりで。でも、何でかわからないですけど、やっとつかんだ勝利を心《しん》から喜べなかったんです。正直、喜べなかったです。何か穴が開いてるみたいで」

やっぱり陸上って楽しくないと……と付け加えた塚原は、高校生活のすべてを捧《ささ》げ、あまりにもストイックに勝ち取った栄冠の中に、どこかしら空虚なものを感じていたようだ。

進学先は、筑波大学と迷った後、系列の東海大学へ。高野進と末續慎吾のいる環境を選んだ。それから2年、苦悩の日々が続く。

「〝インターハイ・チャンプ〟っていう感じでしたね」

末續による塚原の第一印象。

「何年ぐらいかかるかなと思ったんですけど。先生や先輩なんかと話していて、3年……4年かな？　って。何人か、インターハイ・チャンプが入ってきたんですけど、高校での自分の成功体験を乗り越えるのが大変なんです。高校での自分対大学での今の自分、みたいな。そういう〝底辺〟な自分に勝てないとね。環境に順応するのがうまいヤツは1年目からすいすい行けるんですよ。でも、環境を自分の栄養にするのはセンスだから」

高校時代の戦績の華やかさは、末續より塚原のほうが上だ。そして、家の事情で学生生活と競技生活を続けるために何がなんでも早く結果を出さなければならなかった末續には、大学入学後に迷い悩む暇すらなかった。塚原が2年の時末續のところに行って「オリンピックに出た時どんな気持ちでした？」と聞いてきた時、「少なくとも、おまえみたいじゃなかったね」と答えた。厳しい答えだが、それで、ただ反発するだけなら、それまでの選手だと考えたのだ。

「手が掛かるんですよ。こいつ」

と末續は傍らに塚原を見ながらそう言った。

「手が掛かるんですよ。本当にまわりが」

以前、末續は北澤監督に会った時、「塚原はどうしたらいいですかね？」と相談したことがある。「叩けばいいじゃん。頭に食らわせてやれ」と北澤らしく答えたが、末續は「僕がですか？」と驚いたようだった。「高野先生はそういうことをしないから。末續、おまえが叩けばいい」

塚原は、調子が悪いと、末續と一緒に練習をしなかった。負けず嫌いでプライドが高い塚原は、調子が悪い時に一緒にやると、末續との差があまりにも歴然としてしまうことがイヤで、時間をずらしたりして逃げていた。そして、調子が良くなると戻ってくる。どんなに苦しくても、自分と一緒に練習してほしいと考えていた末續は北澤に相談したわけだが、末續が塚原に強く言うことだと高校の師も答えるしかなかった。

「大学に入ってから、怪我とかあって体調面も悪かったです。一度に色々な知識が入ってきて得ることが多すぎて、自分の考えが散らばっちゃう感じでした。でも、やっぱり、最初の2年で結果が出せなかった一番の理由は、過去の栄光に縛りつけられていたことです」

塚原は自らを振り返った。

「あそこまで行ったんだから、こんなもんじゃないだろうって、いちいち、過去の自分を引っ張り出してくるのが自滅した原因ですね。今の自分が未来に向けて一歩一歩歩かないといけない、今ある環境に根を下ろして、それを最大限に使う、ということに気づいたのが、2年の秋でした」

その冬の練習は、かつてなく真剣で充実したものになり、3年時の結果につながった。

「歯車が嚙み合ったというか、考えていたものと先にあるものが、一本につながった」

頭の中で考えていることと、身体で実践することが、ようやく合致するようになったのだった。

1年違いの200mインターハイ・チャンピオンの高平と塚原の高校時代のエピソードを聞いてみて、色々感じるものがあった。どちらも冬場の雪などで練習環境が良くない中、指導者も選手も工夫をこらして努力を積んで栄冠を勝ち取っている。上から一方的にやらされて陸上をするのはイヤだと指導者と対立して環境を変えた高平。厳しい指導に歯を食いしばってついていった塚原。大学入学後もマイペースを貫き、順調に早々に結果を出した高平。ストイックな高校時代の反動も抱えながら、大きすぎる先輩の存在のもとで必死で自分を再構築した塚原。大学前半の停滞期を克服し、自分の経験しなかった苦労をしてきているぶん、違う強さがあるかもしれない、と、高平は塚原について話していた。

塚原が急成長した2006年、この二人は伝説となるような激戦を繰り広げている。高平4年、塚原3年の関東インカレ、100m、200mともに同じタイムで、高平が優勝した。同タイムながら着差で2位に沈んだ塚原は、これが世界で戦っている高平との経験の差かと納得しつつも、骨の髄から悔しかった。大学の対校試合で総合得点がからむだけに（順位でポイントが入り、総計で部の優勝が決まる）、1位と2位を個人的な結果として受け取るわけにはいかない悔しさもあった。一番印象に残る試合として、大阪世界陸上の試合と、この関東インカレを塚原は挙げている。この悔しさが転機になったと。そして、その年の日本選手権で100m優勝。インターハイ・チャンプの看板を引きずりながら苦しんでいた2年間と決別して、一気に日本のトップ選手に躍り出た。

シニアの代表として迎えた初めての大舞台は、2006年9月にアテネで行われたワールドカップの4継だった。アジア代表としての出場だが、四人とも日本選手でオーダーを組み、塚原は1走。アメリカを目標にして気持ちよく走れたという度胸のよさで、3位に貢献した。その年の12月のアジア大会では、4継はタイに敗れて優勝を逃したものの、個人の100mで銀メダルを獲得。サウジアラビアのハビーブにスタートで遅れをとったものの、猛然と追い上げて0・02秒差の2位。過去にアジア大会100mの日本人金メダリストは二人しかいないので、もう少しで手が届きかけたこのレースは、非常に高い評価を受けた。

そして、2007年に、朝原を押さえて、日本選手権の100mを連覇。大阪世界陸上での大活躍となる。06年のアジア大会と07年の大阪世界陸上の両大会で十分な存在感を示せた選手は少ない。2年間の〝潜伏期〟を経て、日本の100mを背負うホープとして鮮やかな花を開いた。

大学の4年間はあっという間だった、特に最後の1年は信じられない早さで過ぎていったと塚原は語る。高校時代のたくましい勝利者の印象がそのまま脳裏に焼きついている私にとって、塚原の大学後半の活躍は〝当り前〟のように思えてしまうのだが、〝過去の栄光〟を乗り越えられずに消えてしまう選手がいかに多いかを考えると、色々と胸に迫るものがある。葛藤で曲がりかけても本当に折れてはしまわなかった塚原の健やかなスプリント魂、時には厳しく時には優しく見守り導いた高野先生と末續先輩の存在の大きさ。高野、伊東、末續とつながれた東海大の栄光のスプリントのバトンを次は塚原が受け取ることになるのだろうか。

スプリンターとしての自分の強さ、武器のようなものは？ という恒例の質問に、塚原は、しばらく困った顔をしてから、

「お調子者なんですよ。いい時はいいし」

と答えた。

「それって才能ですよ」

隣にいた末續が大きくうなずいて言った。

「いい時にいいのは、まあ、僕の取り柄じゃないのかなと。ノリがいいというか……」

塚原は、照れ臭そうに言った。

塚原について、伊東浩司がこう語っていた。

「若いということもありますが、末續が出てきた時と一緒で1回いい走りをすると、それがもうすぐ自信になりますね。たった数日間で、走りがみるみるたくましくなった

――大阪の世界選手権がそうですけど、一次予選、二次予選、4継の予選、決勝と、もうあっという間に力がついたというか……。きっかけをつかむと吸収力がすごくあるなあという選手ですね。あっという間に自信をつける。僕なんかは、そういう性格になりたかったと思いますけど。いい結果が出ても、今日は風がよかったからかなとか、たまたまとか、そういうふうに考えてしまうので。そこで、自分を疑わず、よかったと思ったら、もうすぐ上を見る、見られる。末續や高野さんがそばにいることも大きいと思いますが」

調子に乗ったら、イケイケでどんどん行ける。それは性格として、他のアスリートがうらやむような要素なのだ。

「いい時は、みんなに見せたい、見てもらいたい、どうだ俺は、というのがあるから強いんですよ。俺はこれだけの力があるんだ、というパフォーマンスができるし」

北澤も言う。

ただし、いい時はいいが、ダメな時は本当にダメ、と塚原は苦笑する。

「こもっちゃうんですよ。シャットダウンしちゃう。伝えないといけないことも伝えずに、関係を断ってしまうところがある」

「1回落ちた時はいけない。末續みたいに自分でなかなか切り替えができない。時間がかかるんですよ」

北澤はそう言った。

「自分の弱い部分を見せたくない、自分を絶対に弱く見せたくないというところがありますね。タフな外見と内面はかなり違いますね。すごく落ち込みますし、言葉一つで悩むし。えらい繊細ですよ」

大阪大会のあった大学4年のシーズン、塚原は本当に絶好調で、100mを走ったレースで日本人選手に一度も先着を許さなかった。大阪大会後の気が抜けているような時期に、100mの自己ベストを大きく更新して、10秒15に伸ばしている。その充実したシーズンで、唯一の失敗が、日本インカレの100mのフライングによる敗退だ。走って負けたわけではなく、スタート前のミスで、素人の私には、そんなに心理的なダメージを負うようには思えなかった。でも、同じ高校出身で東海大学の1年後輩が、北澤に電話してきて「先生、どうにかならないですか」と相談したという。「塚原先輩、完全にもう立ち直れないですよ」

塚原は4年の時には部のキャプテンを務めていて、背負っているものが重かった。

「僕が示す指標みたいなものはすごく大きい。言葉ではなく練習や試合で引っ張っていきたい。背中で引っ張っていきたい」という意識で頑張ってきた。まず東海大学の学生であることが第一とする塚原は、シニアの試合を重視した高平と対照的な考え方をしていた。

そんな塚原にとって、出場した100mと4継で1点も取れずに、キャプテンとしての仕事を果たせなかったという自責の念は深かったようだ。チームは最終日までもつれたものの総合優勝ははたしているのだが、「それならいいや」と思えないところが塚原の真面目な性格なのだろう。

北澤は上京して、東海大学の学食に塚原と後輩を呼び出し、

「フライングで点取れなかったヤツに外で飯を食わせられるか、学食で十分だ。おまえのその不甲斐無《ふがいな》い結果を笑いに来たんやないか。他に用事なんてないわ」

と言って食事だけして帰ったという。もちろん、今は日本選手権を控えていて、その先に大阪大会があることを、きちんと認識させるために色々と話した――毒舌を交えて。

北澤の〝学食説教〟の効果もあったのだろう、その後、塚原が完璧に〝立ち直った〟ことは、日本選手権、大阪世界陸上の結果を見ればわかる。

人よりも、いい時はいい、悪い時は悪い、その振り幅が大きいぶん、喜びも苦しみも強くなるわけだが、自分を律することができた先には、本当に価値のある勝利が待ち受けている。勝者としてガッツポーズを決める塚原の勇姿の裏――当人はまったく見てほしくないかもしれないが――に、繊細で多感で真面目な苦しみがあることを思うと、さらに深みを帯びた輝きが増してくる。

北澤は、卒業生の活躍を見に行くことはめったにない。恐くて有名な指導者が、実は、生徒以上に泣き虫だし、緊張するし、動揺するし、ということらしい。現役部員の表彰式もメインスタンドで正面から見たことがなく、バックスタンドから後ろ姿だけを見る。大阪大会は、塚原が「見に来てくれないんですか？」という言い方をしたので珍しく出かけた。

「嬉しかったですね。高校の時に〝将来、日の丸を背負いたい〟って言って卒業していった男だから。それが、目の前で日の丸を背負っていたんだから。スタンドの隅でじーっと見て、ああ良かった良かったって」

北澤はしみじみと言った。

「僕は、もう彼の指導者じゃないし、大勢いる観客の一人で、ただ頑張れよって応援するだけ。見ていて、走りがどうこうなんて全然わからないですよ。ただ、塚原、頑張れ、頑張れって、それだけですよ」

長野県で一番恐い先生——聞いてみると、北澤に逆らえる度胸のある部員はいないらしい。それでも、厳しい練習や指導にメゲてやめてしまう部員もほとんどいないという。お互いに強い信頼関係があるのだろうと、話を聞いていてわかる気がした。

喘息持ちの塚原のために、宿舎の掃除を自らやり、ホテルに新品の布団を持ち込んで従業員と喧嘩までした。インターハイでは、場所取りのために前日から徹夜。できる限り、選手にいい環境を作ることを常日頃から徹底する。そのポリシーと行動力があるからこそ、厳しい言動にも血が通い、部員もついていくのだろう。

「あいつは俺に絶対、嘘《うそ》は言わないから。隠し事はしない男ですから。悪いことをして、バレたら俺に叩かれるってわかっていても、やったことをやらないとは絶対言わない。その点は、あいつは偉いんです」

北澤は塚原のことをそう言っていた。断固とした口調が、信頼にあふれていてすがすがしかった。その北澤に、塚原は時々電話をする。「富士通の入社式、終わりました」というような何気ない報告の電話をよくかける。

社会人になっても、塚原の練習場所は、東海大学だ。高野や末續のいる〝最高〟の環境に変化は生じない。これからも、高野のもとで、多くを学び、共に実践し、もっとすごいスプリンターに成長していきたいと思っている。

「あと10年は、やりたい」

と塚原は考えている。尊敬し、目標とするようになった朝原のように、息の長い、スケールの大きな選手になりたいのだ。ドイツとアメリカに長期留学してステップアップした大先輩の揺るぎない姿にあこがれる。

大阪大会の4継の決勝のあと、移動中のタクシーで、朝原と二人になった時、海外の話を色々と聞いた。塚原にとって海外留学は、今はまったく現実味のない話だ。朝原がドイツ留学に踏み切ったきっかけは、「その時の環境で、自分が得られるものに限界を感じたから」ということだったが、今の塚原に、その限界はまったく見えない。東海大学の環境で、まだまだ吸収することがたくさんある。それでも、朝原への尊敬は、海外の未知の世界へのあこがれにも通じる。東海大学の血脈を受け継ぎながら、新社会人として、さらに自分のオリジナルな部分を構築していきたいと願う塚原が、朝原の志をも継いで、いつか遠い未来には、海の向こうに目を向ける日が来るのかもしれない。

茅野市にある、塚原の母校の東海大三高を訪ねたのは4月の半ばだった。新宿から乗った中央本線が山梨市を過ぎたあたりで、車窓から、満開の桃の花が見えた。鮮やかな濃いピンクの果樹は、背が低く、枝を横にふんわり広げている。新緑の野山をバックに、満開の桃の果樹園がいくつもいくつも現れては流れ去る景色は、取材も何もかも忘れ果てるほどに美しかった。『桃源郷パノラマ号』という桃の花を見るための特別快速列車が走る短いシーズンに、たまたま重なったのだ。

4月、花開く春の到来——塚原の季節かもしれない。これから、どんどん咲きそろい、いよいよ華やかに大きく世界が開いていく。

塚原の練習していた茅野市の陸上競技場からは、八ケ岳の雄大な姿が見えた。オールウェザーではない土のグラウンドだが、大きな自然に囲まれた素晴らしい場所だった。
そこで、〝明日の塚原〟を目指して後輩たちが練習する。昨日も、今日も、明日も。

注 釈

＊バックストレート P21

競技場のトラックで、ゴールの反対側の直線走路

＊1足 P22

選手の足の全長（シューズのサイズ）

＊インターハイ P25

全国高等学校総合体育大会（高校の全国大会）

＊インカレ P25

大学対校試合。インターカレッジの略。全国大会が日本インカレ、地区大会は関東インカレ、関西インカレなど

＊ジュニア P25

18歳未満の公式大会

＊シニア P25

18歳以上の公式大会

＊ワールドカップ P25

4年に一度開催される地域対抗戦。ヨーロッパ、アメリカ、アジア、アフリカ、オセアニアの5地域と開催国などが参加する。ワールドワイドな大会だが、五輪や世界選手権のような世界大会ではない

＊アジア大会 P25

アジア競技大会。アジアオリンピック評議会が主催するアジアの国々による総合競技大会。基本的にオリンピックと同じ競技が行われるが、アジア独自の種目もある。夏季大会は、1951年ニューデリーが最初で、第2回大会の1954年マニラから4年に一度の開催

＊コンディショニング P26

体調を整えること

＊メンタル P26

精神状態（精神面のコンディション）

＊A標準記録 P27

五輪や世界選手権など、世界大会で、参加資格として設定されるタイム。詳しくはP254、255参照

＊サブトラック　P28

試合の行われるメイン競技場に付属した練習用のトラック。大きな競技場では、たいてい、外にもう一つサブグラウンドがあり、そのトラックのこと

＊詰まっている　P31

リレーのバトンパスの時、前走者と次走者の間隔が短すぎて窮屈な状態

＊段差スタート　P44

スプリント競技で、インレーン（1）からアウトレーン（8か9）の内まわり、外まわりによる差をなくしてゴールまでを等距離にするために、スタート位置をずらすこと

＊ショート・スプリント　P50

100m、200m、4×100mリレー

＊シーズン・ベスト　P60

そのレースの時点で、その年度の最高となるタイム

＊フライング　P61

スターティング・ブロックを使うレースのスタート時、「用意」の声から号砲までの間に選手の身体が動くこと。一度目のフライングはスタートをやり直し、二度目以降にフライングを犯した選手は失格となる。（2010年より、一度目から即失格となる新ルールが国際的に適用され、国内でも一部大会で導入されている）

＊ナショナル・レコード　P62

国内の最高タイム（日本なら日本記録）

＊コーナリング　P65

トラックのカーブを走ること、またはその走技術

＊9秒13　P68

本書の4×100mリレーの100mのスプリットタイムは、日本陸上競技連盟科学班測定の参考データで、タイムと全体の中の順番は、あくまで非公式のものである。以下、P108、112、117、129の＊印のタイムも同様

＊加速走　P68

スタンディング・スタートで、短い加速距離（10m、20mなど）をとってから一定区間を走ること

＊ストライド　P70
一歩の歩幅
＊ラップタイム　P70
一定距離を走る時の所要時間のこと。途中計時
＊ブルーライン　P72
4×100mリレーで、次走者がバトンを受けるために待っていられる最後尾のライン
＊ホームストレート　P73
競技場のトラックで、ゴールのある側の直線走路
＊今季世界最高記録　P77
そのレースの時点で、その年度の世界最高となるタイム
＊国内今季最高記録　P77
そのレースの時点で、その年度の国内最高となるタイム
＊ドーピング検査　P78
禁止薬物が体内から検出されないかどうか、レース後に調べる検査
＊トップスピード　P108
そのレース時に出した最高の速度
＊全日中　P179
全国中学校体育大会（中学の全国大会）
＊バウンディング　P202
接地の時に足で地面を押す力を強める（意識する）ための跳躍走のトレーニング
＊カーブで振られない　P202
コーナーを走る時、遠心力によって外側に力がかからないように身体を内側に傾ける
＊タイム・トライアル　P215
全力、もしくは全力に近い力で、定められた距離を走り、タイムを計測すること
＊スナッチ　P251
ウェイト・トレーニングで、バーベルを足元から頭上まで一気に持ち挙げて静止すること

世界陸上大阪大会＆北京五輪
4×100mリレーを走ったメンバー

1走

塚原直貴
つかはらなおき（富士通）

世界陸上大阪大会および北京五輪4×100mリレーの1走。1985年5月生まれ。長野県出身。東海大学付属第三高等学校、東海大学、富士通。高校3年時にインターハイ100m、200m二冠達成。大学3年時の2006年に日本選手権100m優勝、07年、08年と続けて同タイトルを制して、三連覇。日本スプリント界の若手のホープ。06年アジア大会100m2位。五輪は北京が初出場。自己ベストは、100mが10秒9（日本歴代5位）、200mが20秒35（日本歴代4位）。

2走

末續慎吾《すえつぐしんご》（ミズノ）

世界陸上大阪大会および北京五輪4×100mリレーの2走。1980年6月生まれ。熊本県出身。九州学院高等学校、東海大学、同大学院、ミズノ。2003年パリ世界選手権200m銅メダリストで、日本記録保持者。高校時代は、国体で1年、3年時に100m制覇。大学2年時の2000年シドニー五輪に200mと4×100mリレーで初出場。以来、日本のスプリントのエースとして大活躍する。02年、06年のアジア大会200mを連覇。世界陸上で3回（パリは決勝進出して3位）、五輪で1回、200mの準決勝進出を果たしている。北京で3回目の五輪代表に。自己ベストは、100mが10秒03（日本歴代3位）、200mが20秒03（日本歴代1位、アジア記録）。

3走

高平慎士《たかひらしんじ》（富士通）

世界陸上大阪大会および北京五輪4×100mリレーの3走。1984年7月生まれ。北海道出身。旭川大学高等学校、順天堂大学、富士通。高校3年時のインターハイ200m、国体400mで優勝。大学2年時、2004年アテネ五輪に、200mと4×100mリレーで初出場。200mを専門とするが、100m、400mもこなすオールラウンダーとして、国際大会のリレーメンバーの常連となる。日本選手権200mは、04年、05年、08年に3回優勝。06年アジア大会200m3位。北京で2回目の五輪代表に。自己ベストは、100mが10秒20（日本歴代9位）、200mが20秒22（日本歴代3位）。

4走

朝原宣治

あさはらのぶはる（大阪ガス）

世界陸上大阪大会および北京五輪4×100mリレーの4走。1972年6月生まれ。兵庫県出身。夢野台高等学校、同志社大学、大阪ガス。高校3年時にインターハイ走幅跳で優勝。93年大学3年時に、国体100mで10秒19の日本新記録を樹立。ドイツに練習拠点を置くが故障でスプリントに転向しアメリカに留学。100mの日本記録を2回更新し、日本選手権は96年から2002年までに5回優勝、02年にアジア大会で2位、五輪と世界陸上で5回準決勝に進出。北京で4回目の五輪代表に。08年秋、引退。長年にわたって世界で戦い続けた日本が誇るアスリートである。自己ベストは、100mが10秒02(日本歴代2位)、200mが20秒39(日本歴代6位)。

※自己ベスト記録は2010年4月末現在のものです。

謝　辞

本書の執筆にあたり、多くの方に大変お世話になりました。拙《つたな》いインタビュアーに親切に誠実に答えて下さり、素晴らしい試合のパフォーマンスや真剣な練習風景を見せていただいた選手の皆様、朝原宣治選手、末續慎吾選手、高平慎士選手、塚原直貴選手、小島茂之選手、本当にどうもありがとうございました！　楽しかったと同時に勇気や感動をいただいたかけがえのない時間となりました。

大きな視点のわかりやすいお話で、ビーズをつなぐ糸のように本書を括《くく》っていただいた伊東浩司監督、お忙しい中でメールでの質問に丁寧に答えて下さった苅部俊二監督、興味深いお話以上に選手への大きな愛情に心打たれた高校時代の先生方、大林和利元監督、禿雄進監督、斎藤登世彦監督、北澤忠弘監督、そしてご家族としての貴重なお話を聞かせていただいた朝原潤一さん、恭子さん、本当にお世話になりました。

最後に、この企画にGOサインを出してサポートして下さった高野進監督に心よりお礼申し上げます。

巻末スペシャル対談

朝原宣治×佐藤多佳子

大阪と北京、二つの夏を経てその先の夏へ――

２００７年夏、大阪世界陸上でアジア新記録をマークした日本代表４継リレーチームは、08年夏、北京五輪で銅メダルに輝いた。日本陸上のトラック競技のメダル獲得は80年ぶり、リレー競技では初の快挙だった。あれから約２年後、大阪で二人は再会した。

佐藤　お久しぶりです。

朝原　この前、取材していただいたのは、北京五輪のすぐ後でしたね。僕が選手を引退した時でした。

佐藤　あれから、まただいぶ時間がたったので、心境の変化があるかなと、改めてお聞きしますね。大阪世界陸上は、北京五輪の前哨戦という感覚がありますか？

朝原　いえ、そうではないです。僕にとって大阪は、やはり特別な大会でしたね。リレーでもしメダルをとっていたら、僕はそのまま引退して、北京を走ったかどうかもわかりませんし。リレーに関しては、大阪と北京というのはつながっていますが、大会そのものは、僕の中では一つ一つが、まったく別物です。

佐藤　一般的なイメージとして、リレーで大阪の新記録、次に北京のメダル獲得と、ステップアップした認識はありますよね。

朝原　そうですね。でも、大阪は地元で開催される世界陸上だったので、やはり特別な印象として残っています。観客の顔や声援の力を、僕の中にきっちり残しておこうと思って臨みました。オリンピックは大事な大会だけれど、北京のための大阪、ではなかったです。

佐藤　大阪のリレーの決勝で、観客が全員でうわーっと応援するという感覚は、取材をしたこちらも忘れがたいものがあります。北京五輪も人が多くて独特な雰囲気でしたけどね。

朝原　北京では、競技に集中した結果、九万人という大観衆が、ベターッとした壁のような風景として僕の中に残っています。

佐藤　北京の銅メダリストになられた直後、朝原さんは「予選でいい位置をキープし、絶対に期待されている責任というのが大きくて、うれしい以上に終わってホッとした」というふうにおっしゃっていたのが強く印象に残っています。その後、気持ちは変化しましたか？

朝原　もちろんメダリストという事実もしっかり認識しています。かといってメダルをとったことに執着しているのでもなくて、自分の中でいい距離感を保っているというような感じです。

佐藤　しっかり自分の中のあるべきところに収めてあるということですか。

朝原　メダルに固執するのでもなく、誇りに思い、ただただ自然に僕の中に存在するということです。

佐藤　ゴール直後に「やったー！」と放り投げたバトンは結局、見つかったんですか？

朝原　ええ、国立競技場に保管されています。

佐藤　それって本当に、そのバトンだったんですか？

朝原　内側についた番号を中国が控えてあったそうです。記念のバトンをいただきたいと交渉して、送ってもらったそうです。

佐藤　どこから出てきたんですか？

朝原　北京の競技場の倉庫です。パラリンピックでも備品として使われた後、届いたそうです。

取材の日々を振り返って

佐藤　『夏から夏へ』は、私にとっては初めてのノンフィクションの仕事で、大阪から北京まで、たくさんの大会を観戦し、選手やスタッフの皆さんを取材させていただきました。

朝原　佐藤さんが僕たちのことを取材なさって、それをどんなふうに本にされるのかなと、すごく楽しみでした。それに僕たちの他にも高校の恩師などを取材なさっていると聞いて、それをどんなふうに入れていくのかな、幼少期から時系列順に話が展開していくのかな、などと想像していたんです。

佐藤　本として読んでみていかがでしたか？

朝原　数十秒で終わってしまうレースのことをよく文章で表してもらったと思います。高校生の陸上部を題材にした佐藤さんの小説『一瞬の風になれ』を読ませていただいて、陸上選手の心理描写が詳しくて、感覚的にも近いところを書いてもらっているのにびっくりしました。『夏から夏へ』でも、選手にいろいろインタビューしながら、本当のところを書いてもらっているという印象で、リレーのことを深く掘り下げてもらって、非常にありがたかったです。

佐藤　それはありがとうございます。しゃべったことが、いまいち伝わっていなかったなというようなことはなかったですか。大丈夫でしたか。

朝原　それは大丈夫です。特に誘導尋問をされたこともなかったですし（笑）。僕自身のことも、非常にわかりやすく、ちょっといいように（笑）書いていただきまして、よかったなと思いますね。

佐藤　語る言葉が皆さんそれぞれ、しっかり伝わってきて、いい言葉をお持ちだなあと思いました。積極的にしゃべってくださるので、こちらも助かりました。

朝原　みんな平気で何でもしゃべりますからね。

佐藤　この本にも書きましたが、リレーのメンバーが集まってにぎやかに話しているのを聞くのはすごく楽しかったです。細かいことは一対一で聞くほうがわかりやすいですけど。時間の都合などで二人とか三人が一緒の取材になった時に、思いもよらないところに話が転がっていく感じや、私が質問として思いつきもしない話とかが出てくるのが、すごく面白かったですね。

朝原　みんなね、先輩後輩というへだたりもなく、いろんな角度からお互いを見ていますからね。本人はこうだと思っていても、ある選手に言わせればそれは違うということで、どんどん話が広がりますからね。

佐藤　東京赤羽のナショナルトレーニングセンターでの取材で、末續さんと塚原さんと高平さんと、たまたま三人そろってお話しされたことがあったんですね。その時のことはこの本の第二部前半にも書きましたが。朝原さんの話題になったんですよ。みんなが自分のことをこんなふうに思っているって、朝原さんはご存知でしたか？

朝原　大体はね、同じメンバーなのでみんなが考えていることはよくわかりますから。

佐藤　本当に楽しい取材でしたよ。

朝原　そういっていただいて、僕らもうれしいです。

佐藤　『夏から夏へ』を書いている時は、北京五輪の前には本を出すということで、本当にハードなスケジュールだったんです。もう、じっくり推敲する余裕なんかなくて締め切りに向かってまっしぐらに短距離ランナーのようなハイテンションで書きました。自分が何をしているのか今イチ把握できていないくらいの（笑）。
　私は、いつも、自分の本って、出来てしまうと恥ずかしくて読めないので、2〜3年たって文庫になり、ゲラをチェックする時点で、初めて、ああ、こんな本だったんだとわかるんですよ。今回も、まさに、そうでした。

朝原　えっ（絶句）。そこまでなくなっちゃうものですか。じゃあ、改めて読まれて、表現とか変えられたりしたんですか。

佐藤　作品によっては、読者や専門家の方から思いもしないような間違いなどの指摘がくることがあるんですよ。今回は、そんなことはなかったです。専門家の方に全部お聞きして、チェックを受けつつ書いていたので、修正はほとんどしていません。

朝原　しっかり取材なさっていましたからね。試合のことは、07年と08年の時点では覚えていても、そこから時間がたつにつれて僕たちの記憶もどんどん違うものになっていくので、きっちりいい本にしていただいて、僕たちもうれしいです。

佐藤　『夏から夏へ』は09年夏の青少年読書感想文全国コンクールで、高校生の部の課題図書になりました。多くの高校生が読んでくれたかなとうれしかったです。受賞した感想文を読ませていただきましたが、とても感動的でした。

朝原　若い読み手にもわかりやすい本ですからね。すごくいい影響を与えていると思いますね。陸上ファンだけではなくて、もっといろんなジャンルの人に読んでもらいたいですね。

2012年ロンドン五輪に向けて

佐藤　北京後、選手を引退されてからはいかがですか。

朝原　08年と09年は、講演会やイベントにものすごく参加しまして。時間のたつのが早かったです。練習は週に1回できたらいいくらいですし、生活変わっていますね。

佐藤　09年夏のベルリン世界陸上では、テレビ中継の解説をなさっていましたね。前回までは選手としての出場でしたが、解説者として競技を見るというのはいかがでした？

朝原　まだ、他人のようには見られなくて。同じリレーメンバーの二人、塚原君と高平君が入って走っていましたからね。スタートする前にはすごくドキドキしました。

佐藤　まだ、つながっている感じがどこかで。

朝原　そうですね、つながっている感はあります。同じ仲間として頑張ってほしいと思っています。

佐藤　ベルリン世界陸上の４継は若いリレーメンバーで戦いましたが、どのようにご覧になりましたか。

朝原　すごいがんばってくれていたなあと思いましたね。北京五輪で3位になった後の大会で、プレッシャーもあったでしょうに。新しいチームで予選から決勝に向けてあんなにまとまって。僕ね、正直あんまりタイムも上がらないだろうと思っていたんですよ。でも4位になったじゃないですか。すごいことだなあと思いましたね。

佐藤　日本の伝統というか４継は強いですね。

朝原　そういう伝統が僕の前の世代からずっと続いているじゃないですか。４継では戦える、北京でメダルをとれているっていうのが、若い選手の頭の中にしっかり入ったのでしょうね。それで決勝に進んでも、自信をもって走れたんだと思うんですよ。だからいい効果をもたらしているんじゃないでしょうか。

佐藤　11年にはまた世界陸上があり、その次がオリンピックですね。そういう若い選手たちが走ってくれると思うと楽しみですね。

朝原　楽しみです。オリンピックの時は、若い選手が出てきたりするんですよ。それを経験者がうまく引っ張って行ってほしいですね。高平君は僕と一回り違いだから、28歳という円熟期で次のロンドン五輪を迎えます。

佐藤　朝原さんの今の基本的なライフスタイルを教えてください。

朝原　大阪ガスの社員としての仕事として、僕のトラッククラブ「NOBY TRACK & FIELD CLUB」(ノビィトラック&フィールドクラブ)を立ち上げて、こちらから発信する仕事が増えてきました。陸連では強化委員会や、JOC(日本オリンピック委員会)のアスリート専門委員会と、スポーツの裾野を広げる活動なんかもやっています。

佐藤　これから、指導という立場のお仕事が多くなってくると思いますが、教えるのっていかがですか?

朝原　僕は今、陸連の男子短距離部のコーチなのですが、いやー、難しいですよ。選手は普段、個人個人で自分のホームで練習をしているわけです。それが代表合宿等々

指導者として教えるのっていかがですか？

自分でやっているほうが断然楽です。言うことを聞きますからね、自分は（笑）。

で集まってくるんですから。

佐藤　一人ひとりがまったく自分独自のやり方で練習していく世界なんだなというのが、取材をしてよくわかったので。逆に、合宿でそれをまとめて教えるという指導者の立場は難しいでしょうね。

朝原　自分でやっているほうが断然楽です。言うことを聞きますからね、自分は(笑)。感情も感覚も、コントロールできるじゃないですか。それが他人となると全く別のことになっちゃうんで。まあ、想像するのも面白いですよ。

――別れ際に、おまけで質問を。

佐藤　最後に、朝原さんのお好きな本は何ですか。

朝原　村上春樹さんの作品は、ずーっと読んでます。

佐藤　話題の最新作は読まれましたか。

朝原　あれはまだ。文庫になったら、読もうかなと。

佐藤　朝原さんは文庫派なんですね。

朝原　持ち運びが楽なので好きです。最近読んだのは、地下鉄サリン事件を扱ったノンフィクション『アンダーグラウンド』です。文庫以外では『船に乗れ!』(藤谷治・著)も、自分が全く素人の音楽の世界が面白いですね。

（２０１０年４月27日　大阪ガス本社にて）

この作品は二〇〇八年七月、集英社より刊行されました。
文庫化にあたり再編集しました。

写真協力：千代田スタジオ
対談撮影：コーダマサヒロ
取材協力：みらい書房　小出真澄
本文デザイン：阿部美樹子

集英社文庫

夏《なつ》から夏《なつ》へ

2010年6月30日　第1刷　　定価はカバーに表示してあります。

著　者　佐藤多佳子《さとうたかこ》
発行者　加藤　潤
発行所　株式会社　集英社
東京都千代田区一ツ橋2-5-10　〒101-8050
電話　03-3230-6095（編集）
03-3230-6393（販売）
03-3230-6080（読者係）

印　刷　凸版印刷株式会社
製　本　加藤製本株式会社

フォーマットデザイン　アリヤマデザインストア　　マークデザイン　居山浩二

ISBN978-4-08-746577-8 C0195